JN247879

最新 学習塾業界大研究

千葉誠一［監修］

まえがき

●学習塾業界は「秒進分歩」の進化

半世紀以上前に生まれた、いわゆる「民間教育」の塾は、その後個人塾から企業塾へと発展し、指導形態も集団指導から個別指導、そして映像授業、集団個別、自立型など現在も多様化しつつある。

そして、「手作りの教育」は未だに学習塾業界のベースだが、それを支援するデジタル化が業界全体に広まり、いわゆる「標準化」している。家庭にも学校にも、そして塾にも日常的にデジタル化は加速度的に入り込んで常に進化している。

つまり「デジタル&グローバル化」の波が、学習塾業界に押し寄せているのだ。教育コンテンツ、教材ツールのデジタル化は「日進月歩」ならぬ「秒進分歩」である。教材会社だけにとどまらず、全国の大手塾や地域一番塾は、校舎展開のための資金をデジタル教材の研究・開発に投入している。同時に、質の高いノウハウの教材やツール・コンテンツについては、全国の塾が積極的に導入している。

●人に学びながら社会貢献できる仕事

ＩＴ化や国際的な学習をはじめとする教育のグローバル化や業界再編の大波の中で、安定経営を目指す各社では、有能な人材採用と育成、そしてデジタル化に余念がない。どれほど塾の守備範囲が広がっても、塾本来の「教務充実」を図るためには、「人づくり」が最優先されるが、それを下支えするデジタル化も重視されているのだ。新卒採用においても、中途採用においても、例外なく「生徒や保護者に対する親身な人間力の強化」を目指し、マニュアル的な手法に陥ることなく、人から人へのマンツーマンの人材育成を心掛けている。それは、教師から生徒への指導に直結した「塾内教育」とも位置づけられる。

地域も含めて日本の将来に大きく関わる人材の育成に深く関わっているという自覚こそが、塾人の誇りであり、大きなやりがいとなっているのだ。子供やその保護者と日々接していることとは、そのまま人に学ぶことにつながっている。千差万別の人間、家庭に関わった仕事をする中で、着実に仕事のスキルを高め、塾の仕事に対する誇りと自信を深めていくことが可能となっていくのだ。これが公教育にはない私教育の仕事の醍醐味と言ってもいいだろう。

●アナログとデジタルの融合の中で、個性重視の「人間教育」が最優先

改めて確認しておきたい。成長し、成熟した学習塾業界で求められているものは、生徒の成績向上や、受験における合格だけではない。ましてデジタル化すれば事足りるというものでもない。アナログ的なものとデジタル的なものの融合をベースとして、個性を重視した「人間教育」が最優先となっており、かつ泥臭いほどの「教務の充実」こそが学習塾の存在意義なのである。

現在、国際化や環境重視の社会を反映して、「海外展開」「語学教育」「環境教育」、そして「自

立型」「資格取得」「英語合宿」や若年層の「能力開発」などの講座に期待が集まっている。大検合格の予備校や高卒資格を目指す単位制通信制高等学校、そしてサポート校なども各地に誕生している。総合教育機関や生涯学習機関、さらには学校開設を実現する塾やそれを目指す塾も各地で増えている。

●業界大再編の大波が押し寄せつつある

さて、ここ数年、学習塾業界では各地で大手塾の寡占化が進行中であり、大なり小なりのM&Aが業界で断続的に成立し、提携や合併を想定した中期計画なども進行している。成熟した業界となった今、業界全体が世代交代・事業継承の波に漂っている。業務提携や資本提携なども盛んであり、ツールやコンテンツを共有しつつ、各社が次世代の経営手法を探っている。

このような時代に求められる人材は、単なる若さや情熱だけではない。それも大事な要素だが、より広い視野で仕事のできる柔軟性と環境適応力が求められる。また、文系や理系といった区分けされた知力ではなく、横断型の思考力と論理的な判断が必要となっている。

つまり、一口に言えば『自ら学ぶ力』や対応力があり、未知の分野に果敢に挑む意欲的な人材が求められるのだ。勉強一点張りよりも、いくつかのアルバイトを経験して人間関係に苦労し、教育の何たるかを学んだ、いわゆるEQ度の高い人のほうが有利といえる。そして、「自分自身を好き」になれて、「仕事を通じて自分を高めたい」と思う人、さらには、「積極的に子どもたちの将来に関わっていきたい」と思う人には、これ以上ない「遣り甲斐のある居心地の良い天職」が学習塾業界なのである。

学習塾業界大研究

CONTENTS

CONTENTS

Chapter 1

特集
学習塾業界とは？

学習塾業界とは？

一　塾の草創期から現在まで

神奈川県横浜市に「中萬英学塾」が産声をあげたのは一九五四年、これは日本でテレビ放送が開始された翌年のことである。その中萬学院も創業五五年にして、二〇一九年一〇月、愛知県に本部を置く「さなるグループ」に全株式を売却してその傘下となった。まるで長い年月が一瞬のうちに縮まるかのようなショッキングな出来事だが、これが学習塾業界の一つの現実でもある。さなるグループとしては、首都圏展開のベースを作ることに加えて、人材の確保が大きな目的である。昔も今も学習塾業界では、人材の質にこだわって運営されてきている。

◆塾の黎明期

かつて塾の指導は、学校の教員だったり学生だったりした人が家庭教師の延長線で、自宅の一角を使い一人で数名の生徒を教える、いわゆる個人指導かグループ指導であった。それが口コミでどんどん生徒が増えて、増床して足りず、ついにはテナントを借りたり別棟を建てたりして「塾の看板」を大きく掲げるようになった。そして個人商店のまま規模が拡大して複数校展開をするようになり、補習塾から進学塾へと移行していくところが増えた。

今から半世紀前といえば、ちょうど学生運動が盛んな時期であり、早大闘争や羽田闘争、そして東大安田講堂の封鎖から連合赤軍事件などが続いた時期

子供対象の民間教育の分類

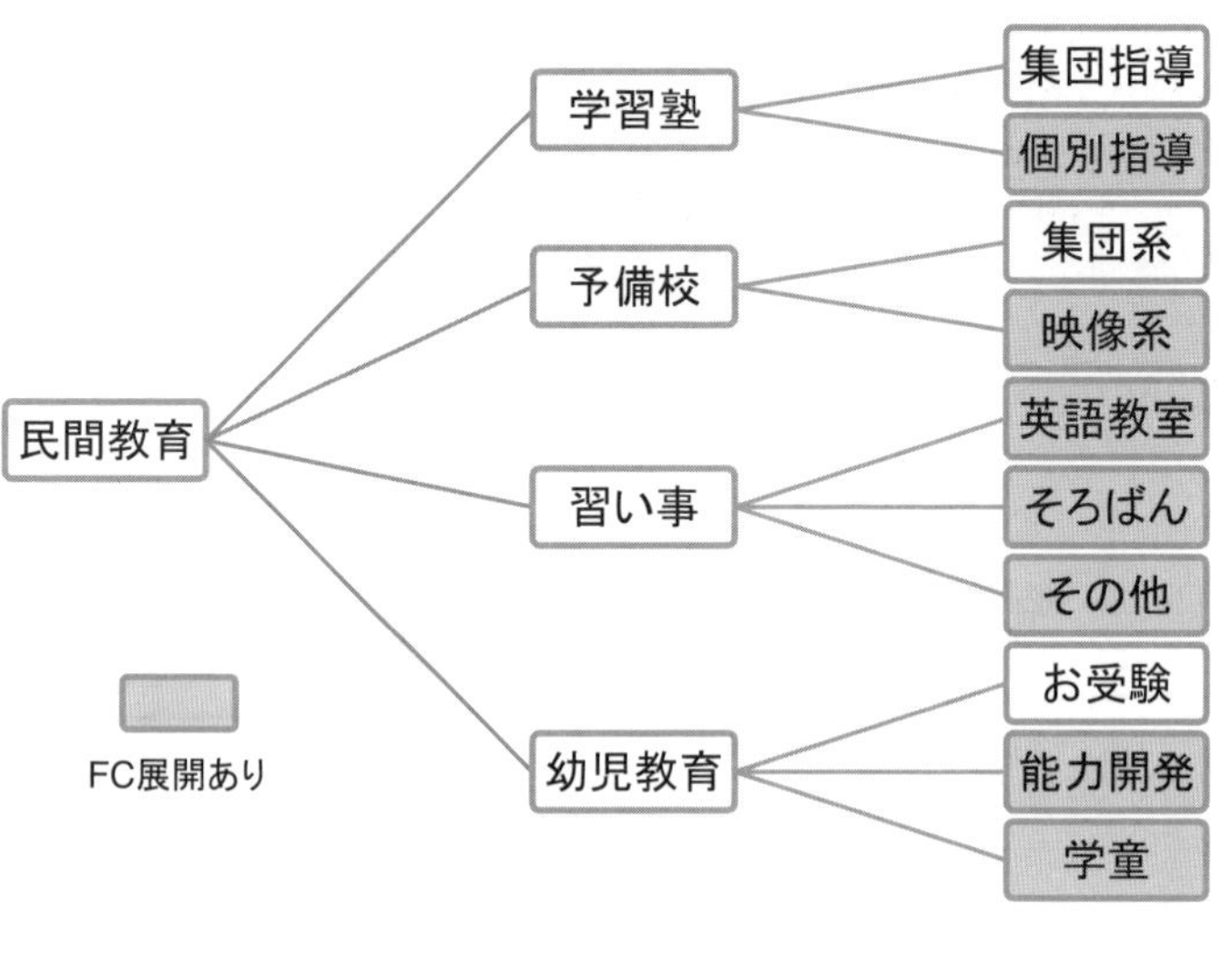

で、アジアではベトナム戦争が泥沼化していた。学生運動に疲れ就活にも挫折した人たちが塾を開いたり家庭教師で生活の糧を得はじめたのもこの時代である。

一九七〇年の三島自決事件を契機として民主主義と防衛に関しての議論が高まる中、日本は沖縄返還協定と日本列島改造論で沸き返った。世界では、ベトナム反戦運動が盛り上がりつつ第四次中東戦争が勃発、ドル・ショックとオイル・ショックで原油価格が高騰した。

しかし、ロッキード事件で政財界の金まみれ体質が糾弾された後の日本は平和ボケと呼ばれるほどゆったりした時間の流れになり、「必要悪」と呼ばれた進学塾が急成長を遂げるようになるが、その主役の一部は学生運動の闘志たちだった。

八〇年代に入ると、ファミコンやCDプレイヤーが発売され、CG映画が公開されるなど、デジタル時代に突入し、政治も戦後総決算として中曽根内閣が躍動した……そんな中、第二世代として学習塾業界を現在牽引する経営者たちが塾を開いた。兵庫の木村塾や埼玉のビジュアルビジョンをはじめ、新地域一番塾として、集団指導だけでなく、個別指導やグループ指導にも挑戦した。次第に世間は多様な教育ニーズによる新しい形態の指導が広がっていった。

◆個別指導の歴史

ここで個別指導の歴史をひも解いてみよう。

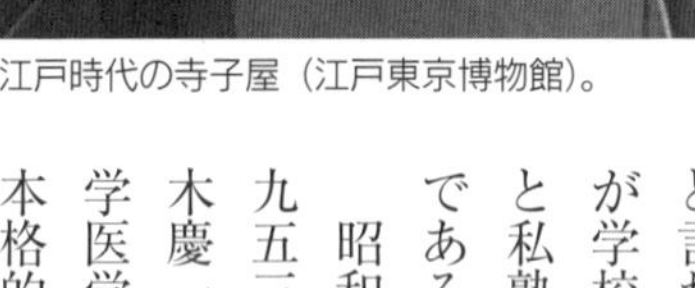

江戸時代の寺子屋（江戸東京博物館）。

江戸時代に誕生した「寺子屋教育」は、庶民の底辺を支える知識伝達の場として、二つの流れを作ったと言われる。それが学校の個別教育と私塾の個別指導である。

昭和二七年（一九五三年）頃、佐々木慶一氏が東京大学医学部に進学後、本格的に取り組んだものが個別指導で、彼はその後医学への道を断念し個別指導の研究と実践に集中した。東京高等師範学校付属高校在学中にはじめた家庭教師がそのきっかけと言われる。

民間教育の発展は、その後集団指導の進学塾が中心となって推移したが、昭和五九年（一九八四年）頃、教育ニーズの多様化に合わせて、全個研と明光義塾が誕生し、それから雨後の筍のように全国で「個別型指導」というものが広がったが、実態は、市販の問題集や入試問題をコピーして「オリジナル教材」と加盟塾に配って契約料を取るスタイルが多かった。使う方も疑心暗鬼のまま運営していたのだろう。

そして昭和六二年（一九八七年）頃、第一次個別指導ブームが到来する。個別指導という形態によって、まず学力中下位層の生徒が塾に通うようになった。それを指導する学生講師がアルバイト先として塾を選び、いつしか卒塾生が指導に入るようになり、そこから卒塾生の入社も増えていった。教育の循環がスムースに流れはじめた時代である。

その後、平成元年（一九八九年）に第二次個別指導ブーム、平成一〇年（一九九八年）に第三次個別指導ブームがあり、平成一二年（二〇〇〇年）に第四次個別指導ブームがあり、階段を駆け上がるように全国的な個別指導教室の増加が顕著となった。

これらの時期に学校では、高等学校教育における学習指導の個別化や個別化教育の本格研究などが断続的に行われたが、指導の中心になることはなく、いわゆる研究テーマとして扱われただけという印象がつよい。しかし、昭和五八年（一九八四年）頃から中教審の報告などもあり、個別化教育に拍車がかかり、基礎基本の徹底と繰り返しによる定着学習のために個別化教育が効果的であるとされ全国の学校現場に広まっていった。ただし、現場に個別化教育の専門家は少ないか皆無で、実態としては「ティームティーチング＝TT」による個別指導の概念を超えた指導スタイルとなった。これは様々な指導を組み合わせて融合させたものであり、現在もこの分野

東進衛星予備校

栄光ゼミナール

駿台予備校

SAPIX

CG高等館と駿台が同じビルに

特訓合宿で得るものは多い。

の研究や検証は続いているといってよい。

現場の教師が悩みながらも個別指導にこだわった背景には、学力差のある生徒への個別対応の重要性を認識していたことがある。この時代の研究や検証は今でも貴重なデータとして活用されている。

これまでいくつのブームがあったのかすでに判明しないが、現在の個別指導の形態は大ブレイクした時期と同じ講師一人に生徒二人の「一対二」の形態が依然として主流だが、医学部などを目指す生徒には一対一、集団の刺激も与えたい生徒たちには数名のグループ指導、タブレット活用の自立型など、個別指導の形態も時代の教育ニーズと指導の進化に応じて多様化している。

◆「集団個別型」「科目横断型」とは？

塾の歴史に戻る前にもう少し個別指導にこだわってみよう。現在広まってきているものに「集団個別」という形態がある。これはたとえば二十～三十名の生徒を大きな教室で半分に分けて、一方はタブレットで予習、もう一方は小テストで自分の弱点をノー

高校生は自習室兼個別指導が一般的。

トに書き込みながらの定着学習、そこに一～二名の講師が分け入り、アドバイスをする。いわゆる「コーチング」である。このように、教え込むのではなく、生徒に学習の仕方を備えさせていくのが、今の塾指導の一つの大きな流れとなっている。

千葉県のある塾では、これをさらに進化させて、一般教養的に指導をしつつ生徒それぞれに意見や考えを文字や言葉で表現させたり議論させたりする独自の教育を実践している。この場合、ほぼ必然的に科目横断型の指導が必要となり、講師は生徒からの要望を受ける形で複数科目の指導をすることになる。これが結果として、公立中高一貫校対策や大学の新テスト対策につながるということで、中小塾から大手塾まで、新しいコースとして取り組んでいるところが増えている。

◆「自立学習」とは何か?

生徒自身に学ばせるといっても、勉強のモチベーションも学習意識も低く具体的な目標も定まっていない生徒に、いきなり自分でやろうというのは無理

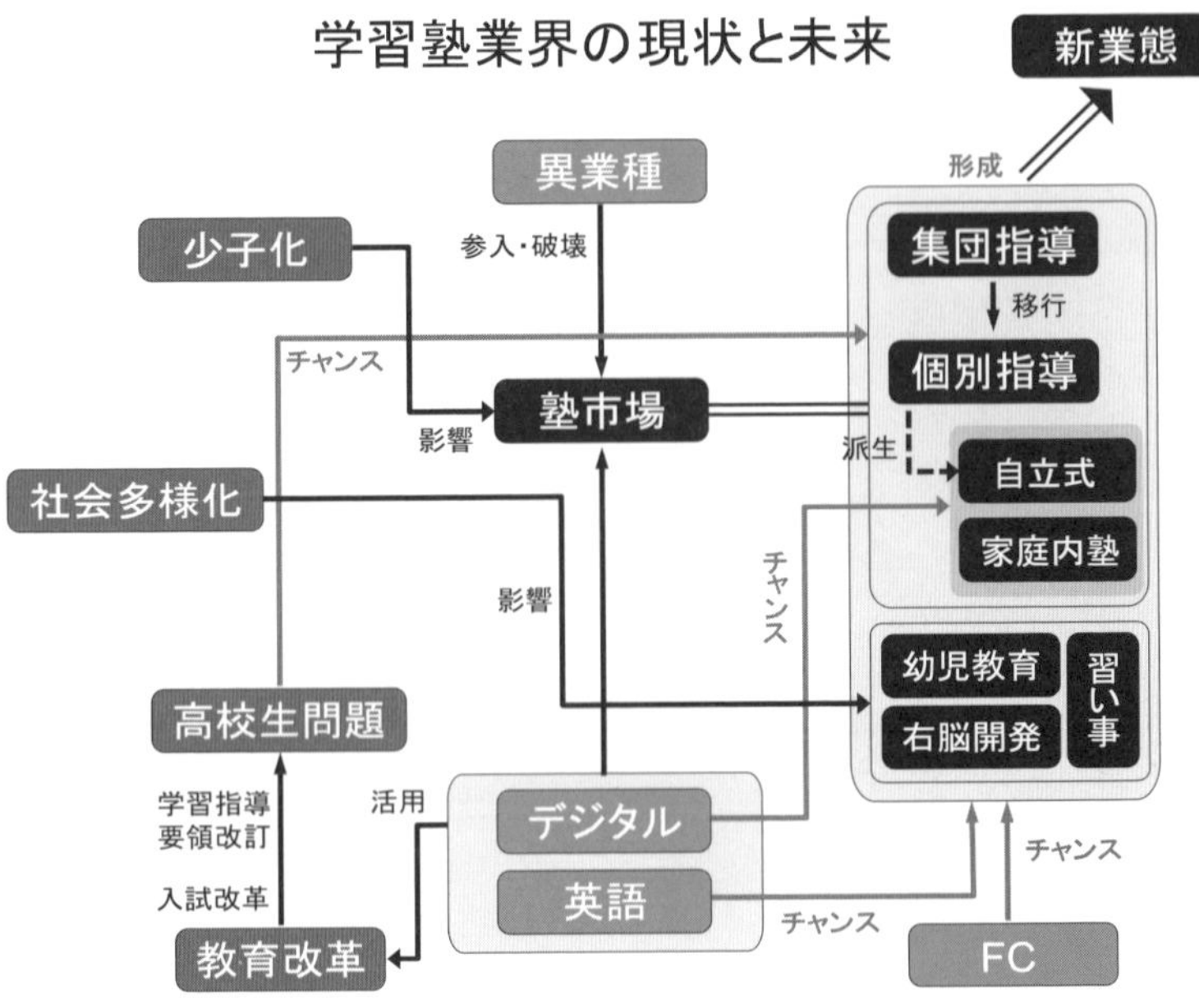

な話である。しかし、指導する講師の手間を省くための自立指導なのでもない。これは「学び」の新しいスタイルなのだ。どんな自分になりたいか？　どの大学で勉強すればそうなれるのか？　そのためにどんな勉強が必要か？　何をどう勉強するのが自分には最適か？　何が得意で不得意か？　自分の弱点は何か？

こういったことを考えさせ、必要な行動を取らせるようにしむけることが重要であるという考え方が自立学習ともいえるが、一概には言い切れない。なぜなら、塾で指導する生徒たちには、難関校を目指す生徒もいれば、学習障害の生徒もいるからだ。ケースバイケースで対応しなければならないので、指導する側もつねに学び生徒を観察しなければならない。

「大人が見ている視界と子どもが見えている視界が違うのと同じように、大人が考える学びと子どもが必要とする楽しい学びは違ったりする。そこに気付かないまま生徒指導する講師が塾にいたら失格」とベテラン塾講師は語る。

「それと、分かったつもりになった生徒と教えたつもりの講師は危険。何の成果も得られないまま先に進み、途中で理解していないことに気付いて後戻り、それも悪い事ではないが、出来れば理解するために繰り返し学んで定着させることの大切さが分かって先に進んだ方がいい。反復学習みたいなものか。能力が高くても学力の低い生徒は要するに要領が悪い。それを気付かせてあげるだけでかなり変わる。だから、有能な指導者は、いきなり教えない、あまり教え過ぎない」

全国の塾で生徒の成績を伸ばしている塾ほど講師が少なく、あまり教えていないという。生徒たちは学び方を知っていて、先生にアドバイスを受けたら自分で必要な学習をして、適宜質問をして先に進む。塾側は定期的に小テストで定着度を確認すればよい

まず姿勢をただし、そして集中。

予習と復習の計画を自分で立てて実行。

教え過ぎない塾が増えている。

時には熱く語る……。

のだ。こうすれば、先生の負担も減り、生徒の個別対応力も高まって生徒や保護者の評価も上がる。つまり塾の評判が口コミで広まるということにつながるのだ。

自立学習のスタイルを磨いた先には、理想の塾があり、何も宣伝しないで生徒が集まる口コミだけで集まる塾への道が続いているのかもしれない。

二　学習塾業界の現状

いくつかのカテゴリーで現在の学習塾業界を分けてみよう。

まず大手塾、公文は別格として、これには地域一番塾だけでなくベネッセコーポレーションやZ会なども含まれる。そして、大手塾の代表格としては次のような塾が名を連ねる。今回、神奈川県の中萬学院をグループ化したさなるグループは教室数六三三で生徒数六万名以上であるが、こうしたメガ学習塾は塾運営だけでなく、自社で使うコンテンツを開発する会社や異業種のビジネスも手がけている。したがって、そこで働く人たちは最初は塾で研修したとしても、その後自分のやりたい仕事をグループ内で見つけていくことも出来る。(◎は株式公開企業)

◎明光ネットワークジャパン（明光義塾）、SAPIX（代ゼミグループ）、

ビジュアルビジョングループ、エデュテックジャパン（スクール21）、

栄光グループ（Z会HDが一〇〇%出資）、ヒューマン・ブレーン、

臨海セミナー、家庭教師のトライ・トライグループ、ウィルウェイ（馬渕教室）、◎早稲田アカデミー、◎京進、ブレーンバンク（四谷学院）、湘南ゼミナール、◎ステップ、さなるグループ（佐鳴予備校、三島進学ゼミナール、中萬学院など）、◎市進グループ、ワオ・コーポレーション（能開センター、MBOによる非上場化）、俊英館（FLEX）、NSGアカデミー、クラ・ゼミ、◎秀英予備校、

◎成学社（開成教育セミナー、フリーステップなど）、ケーイーシー、

KATEKYOグループ、英進館HD、個別指導塾

スタンダード、名校教育グループ（留学生支援）、鴎州コーポレーション、◎ウィザス（第一ゼミナール）、東京個別指導学院＝TKG（直営展開、◎ベネッセグループ）、◎進学会HD、◎リソー教育グループ、練成会グループ、◎学究社（ena）、進学プラザグループ、◎昴（鶴丸予備校）、アップ（ベネッセグループになり非上場化）、◎城南進学研究社（城南予備校）、◎スプリクス（森塾）、◎クリップコーポレーション（ヤルキー学園）、拓人（IEスクエア）、ヒューマレッジ（木村塾）、うすい（うすい学園）、eisu group、日能研、日能研関東、日能研関西、浜学園、野田塾、名進研、若松塾、早稲田塾（◎ナガセグループ）、成基コミュニティグループ（成基学園、ゴールフリー）など……。

まだまだ地域一番手二番手三番手の塾をあげればキリがないが、かつて栄えた塾が衰退したり、身売りして他塾のグループに入ったり、資本提携、業務提携など複雑なつながりが現在出来ている。

株式公開（上場）塾は、リソー教育・ナガセ・明光ネットワークジャパン・ステップ・スプリクス・早稲田アカデミー・学究社・進学会HD・京進・東京個別指導学院・ウィザス・成学社・市進HD・クリップコーポレーション・城南進学研究社・昴・秀英予備校・名学館など十八社だが、かつて公開企業だったところもあり、栄光・アップ・ワオコーポレーションなど三社、栄光はZ会が一〇〇%出資したことで非上場となり、アップはベネッセグループに入り、ワオはMBOで非上場化した。

また、二〇一九年末に千葉県旭市に本部を置き、スクールIE（拓人）の個別FCを展開するマンツーマンアカデミーが、ヤマノHDの傘下となり、事実上の株式公開企業となった。

なお、早稲田塾と四谷大塚はナガセグループに入り、全教研は学研HD傘下となった。

このように、「多すぎる」といわれる教育サービス

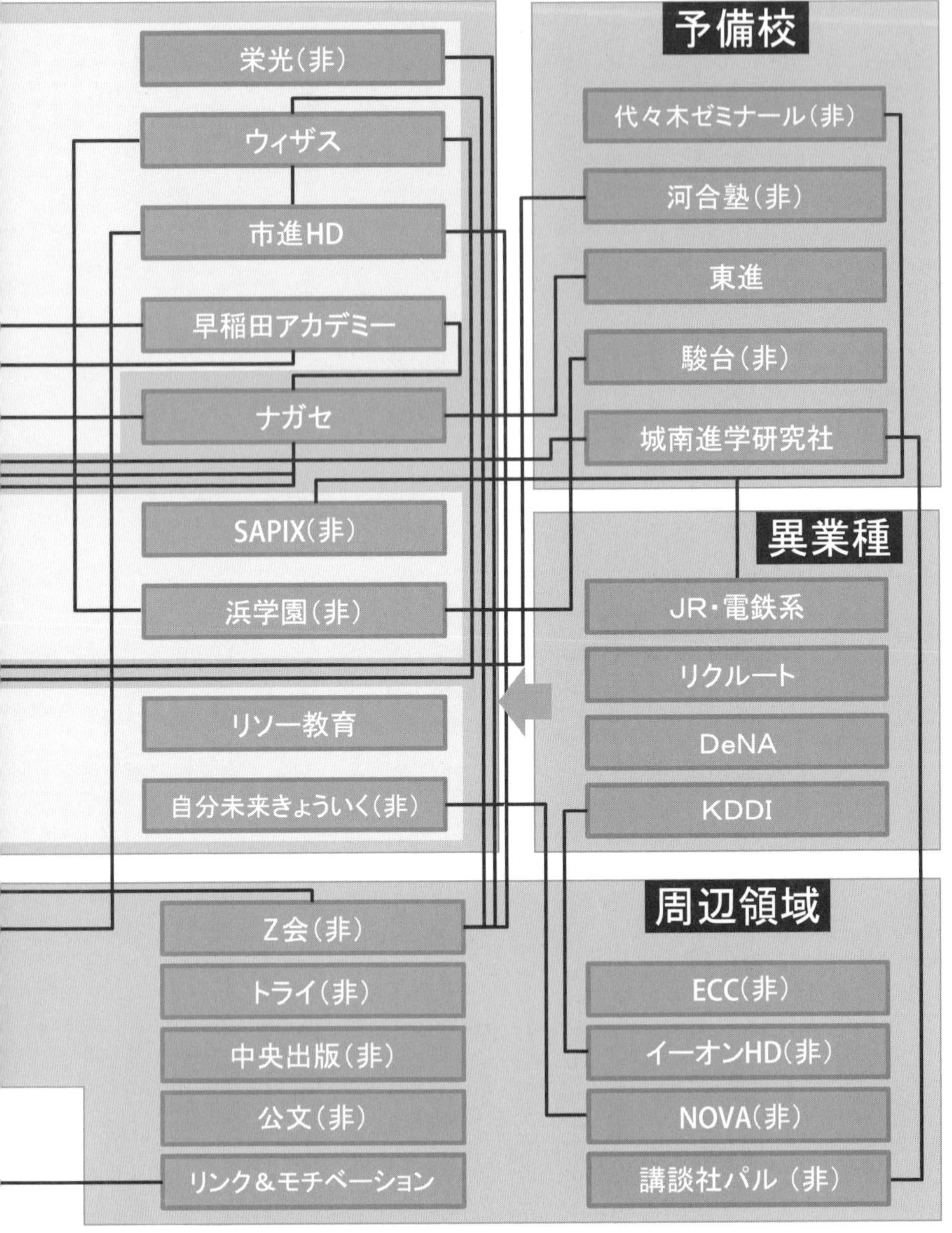
資本・業務提携など関係がある企業
経営教育研究所調べ
栄光(非)
ウィザス
市進HD
早稲田アカデミー
ナガセ
SAPIX(非)
浜学園(非)
リソー教育
自分未来きょういく(非)
Z会(非)
トライ(非)
中央出版(非)
公文(非)
リンク＆モチベーション
予備校
代々木ゼミナール(非)
河合塾(非)
東進
駿台(非)
城南進学研究社
異業種
JR・電鉄系
リクルート
DeNA
KDDI
周辺領域
ECC(非)
イーオンHD(非)
NOVA(非)
講談社パル（非）

塾予備校市場相関図

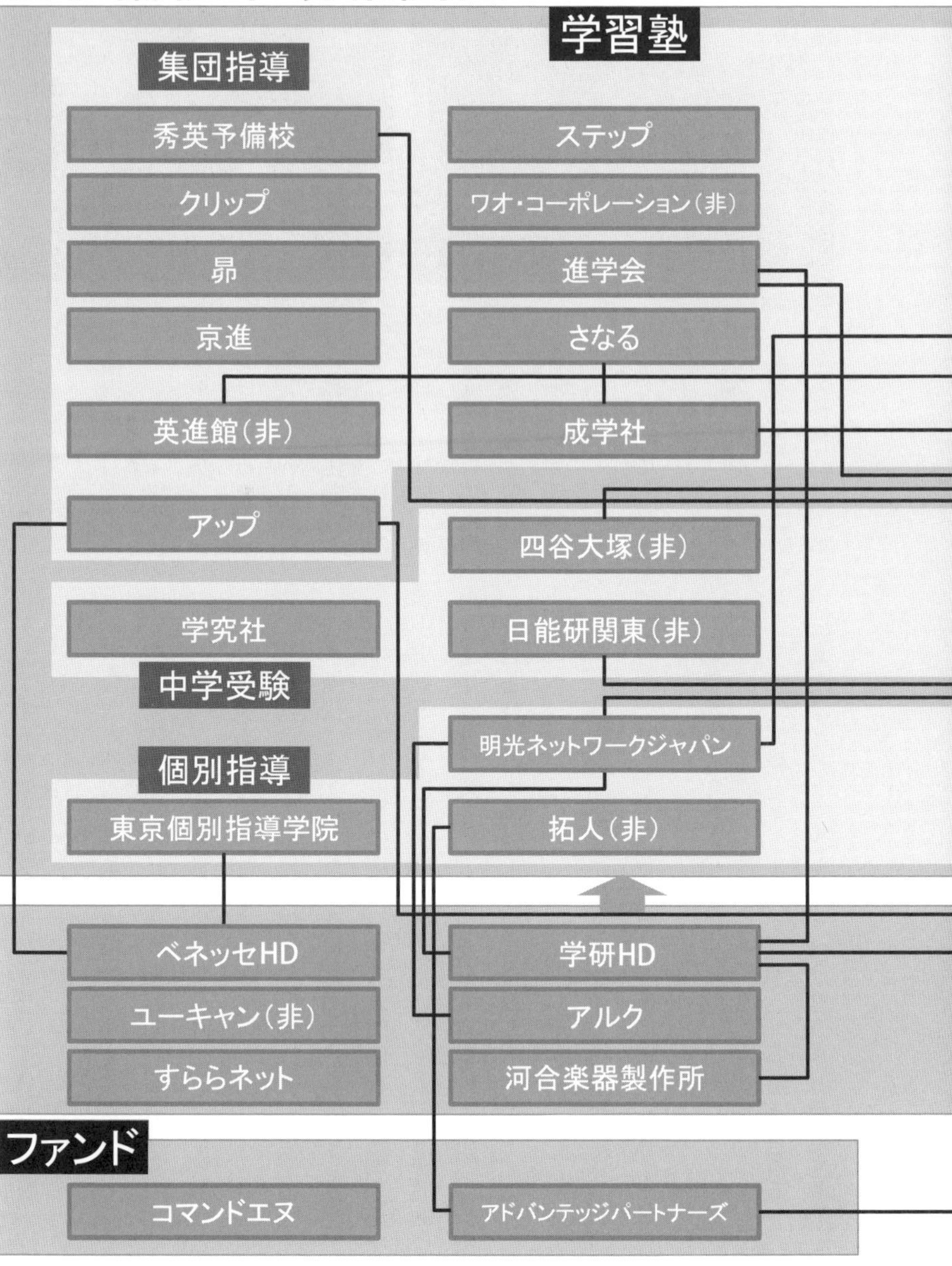
学習塾
集団指導
秀英予備校
クリップ
昴
京進
英進館(非)
アップ
ステップ
ワオ・コーポレーション(非)
進学会
さなる
成学社
四谷大塚(非)
日能研関東(非)
中学受験
学究社
個別指導
東京個別指導学院
明光ネットワークジャパン
拓人(非)
ベネッセHD
ユーキャン(非)
すららネット
学研HD
アルク
河合楽器製作所
ファンド
コマンドエヌ
アドバンテッジパートナーズ

塾同士の情報交換と交流、そして研修も盛ん。

塾の経営者の勉強会。

業界の学習塾や予備校が再編されていく中で、指導に活用されるツールやコンテンツの質は年々上がっている。パソコンからタブレットがスタンダード化される中で、そこに入る教育アプリは、英語を中心にかなりの数が開発され、各地の塾で使われている。

これらの大手塾のほかに、株式を上場している教育関係の企業では、すらネット、エスサイエンス、ビアズ、レアジョブ、インソース、ビジネスブレークスルー、資格のTAC、アイスタディ、アルー、ウィルソンラーニングワールドワイドなどがある。次第に教室で指導する塾だけでなく、教育全体に関わるビジネスを展開する会社が増えているのだ。学習塾業界には、それだけ多様な職種と仕事があるということになる。

お気づきのように、学習塾業界はすでに学習塾や予備校にとどまらず、教材制作会社をはじめ教育アプリ、ネット予備校、システム関係など多種多様な事業を手がける会社が増えている。入口が塾であってもそうでなくても構わない。日本の未来の為に働ける仕事であることだけは確かなのである。

三　映像授業からネット予備校、そしてタブレットからスマホ、さらにAIロボットへ

◆教育ICT化とは？

さて、教育ICT化が加速している学習塾業界の未来はどのようなものになっていくのだろうか？

二〇年ほど前から映像授業というものが生まれて進化し、現在はネットによるオンデマンド化が当たり前になっている。いわゆる「ネット予備校」は無料で視聴できるものから高額なサービスが伴うものまで幅広い商品化が成されているが、未だに進化の過程にある。

人の代わりに黒板や白板に映像を映したり、パソコンやタブレットなどで映像授業を見て学習するスタイルは、次第に個別指導のスタイルとなり、主として高校生が大学受験の勉強をする際に自習室を伴って活用されている。したがって、塾や予備校に直接指導する先生はいなくても、教育が成り立つのである。もう少し分かり易く解説すれば、生徒は自分の個室やスペースを持ち、映像授業で先生の解説を見聴きして、自習スペースで復習したり入試問題の演習をする。何か受講や進路について相談したい時は教務を担当するスタッフに相談するのである。

現在学習塾業界の大きな悩みの一つが人材である。時代の流れの中で、つねに景気変動や就職戦線、そして学生の好き嫌いに左右されてきた。かつて金融業界が大人気だった時代や流通業界が大人気だった時代などがある。しかし、学習塾業界が大人気だった時代というのは思い当たらない。ところが、地域によっては、人気企業のトップ一〇に毎年名を連ねるところがある。その理由は何だろうか?

「地元の知名度が高く、かつて必要悪と言われたような塾のイメージはない。また、校舎の外観や内装が綺麗で、勤務時間も選ぶことができて福利厚生も充実している」と語るのは東海地区の某塾幹部。

「最近保養所などは減ってきて、全国の施設を自由に選ぶ傾向にあるが、若手社員にもベテラン社員にも対応した福利厚生が出来ている。また、研修と銘打った国内外の社員旅行も定期的に行われている。これはリフレッシュ出来るだけでなく、新たな仕事へのプラスにもなる。新たな体験が生徒指導にも生かされるということだ。さらに、教育ＩＣＴ化が教育現場で進む現在、働きながらデジタル関係の資格取得ができるようになっている。英会話もそうだしパソコン関係の検定もそうだ。これは万一転職する時も役立つ」

ロボットだからいい!!

繰り返し優しく教えてくれるロボット先生。

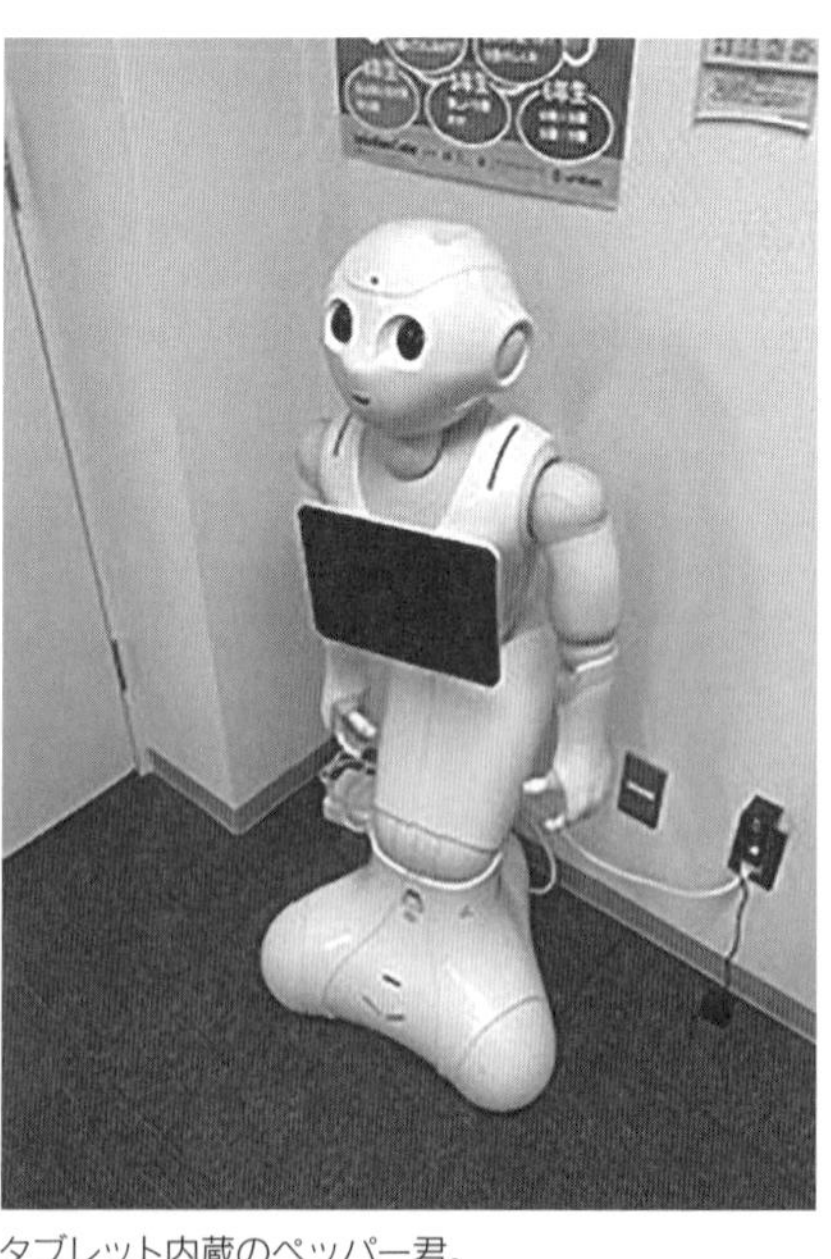
タブレット内蔵のペッパー君。

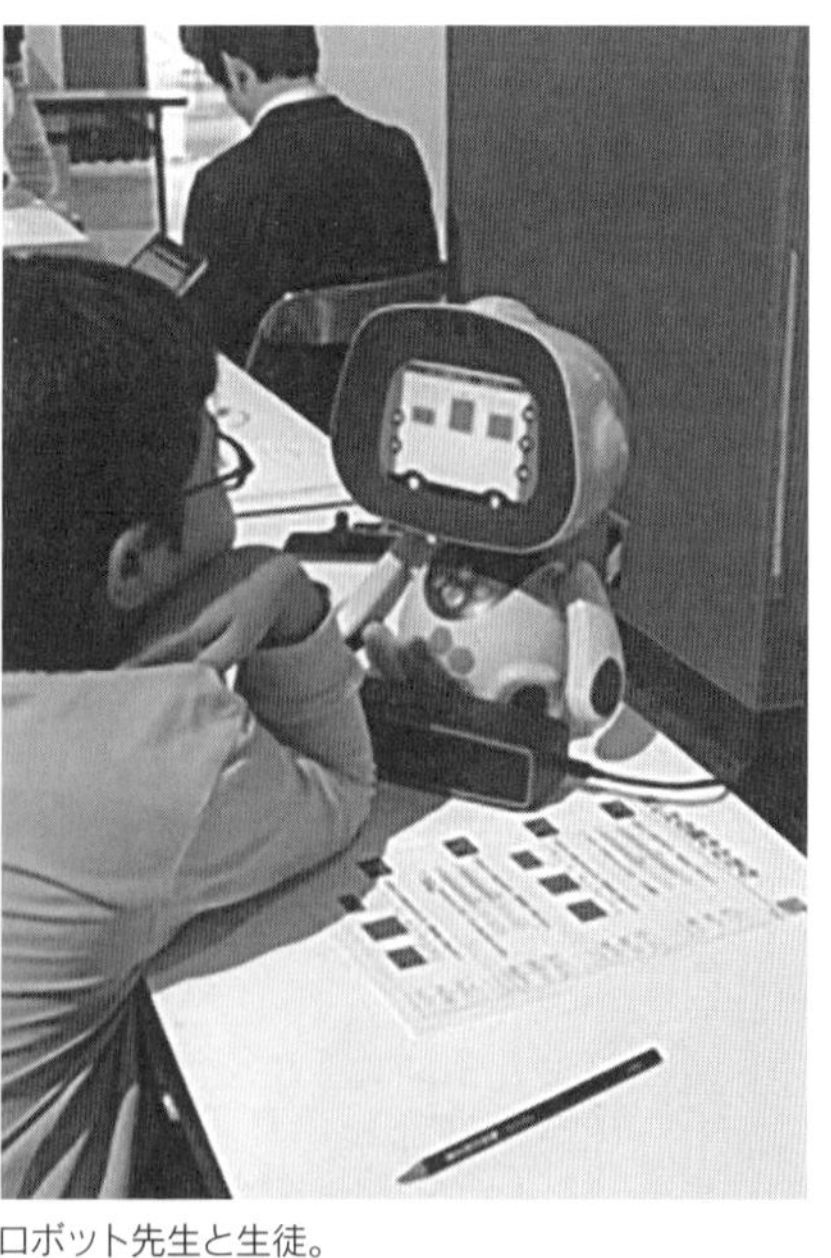
ロボット先生と生徒。

働きながら資格を取得しスキルアップを図る、そして万一同業他社や異業種いずれに転職しても活躍できるベースを作る。これは会社勤めをしてしまうとなかなかやれないことであるが、学習塾業界にはそれを可能にする時間と余裕があるのだ。

◆「未来の教室」とは?

まず確認しておきたいことは、文科省が教育改革の指針を示すところであるとすれば、経産省はその指針に合わせて具体的な実証実験を進めるところと言える。

経産省の教育産業室が描く「未来の教室」とはどんなものだろうか？　文科省の教育改革とはちょっと違うように思われるが、実は文科省が示す学習指導要領や教育改革という指針をもとに経産省が、その具体例を描いていると言われる。様々なスキルや情報をもとに新しい学びを構築する「STEAM学習」のライブラリーや学習センターなどを各地に設置する予定というが、その目的とは「より指導力の高い教育養成」でもある。現在政府は、児童生徒一人に一台のパソコン導入を目指しているが、それは早くて二年後、遅ければ五年以降になってしまう。その間に生徒指導できる教員の養成を図るのだが、若手はいいとして、中高年のベテラン教員に明日からパソコン指導をやれと言っても無理な話である。新しい時代の流れの中で、ベテラン教員がどんな役割を担えるのかをさぐりつつ、新しい学びの時代に必要な人材を確保し、新しいシステムを構築するのである。「文科省の教育改革が抽象的なものと言えるが、個別最適化という意味において、私たち経産省の教育産業室の方針はよりドラスティックな内容になっている……（中略）……つまりリアルな社会的課題の解決に必要な学びとは何かを確認することが大事だ」と語るのは、経産省の教育産業室室長の浅野大介氏。

経産省の教育産業室では、『EdTechの力で、生徒一人ひとりに最適な学びを、STEAMの学びで、一人ひとりが未来を創る当事者（チェンジ・メイカー）に』を合言葉に、未来社会を創る実質的な学びの構築を目指している。

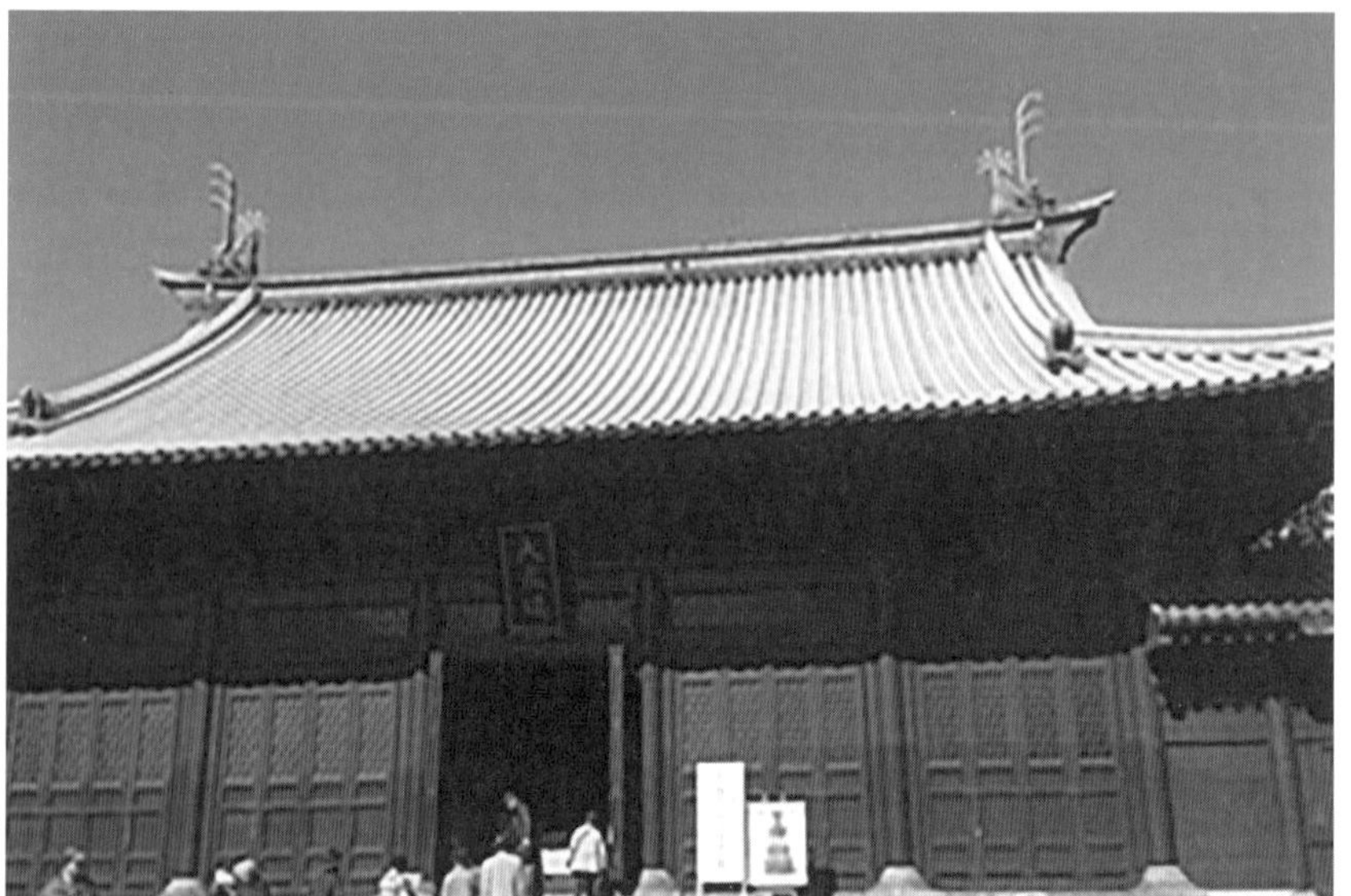

湯島聖堂(昌平坂学問所跡)。

経済産業省「未来の教室」SNSでも情報公開中。

「未来の教室」の構想では、学びの自立化と個別最適化だけでなく、学びのSTEAM化と新しい学習基盤作りが改革の柱として提案され次々と事業化されているが、小中学生の一人一台パソコンはすでに政府の予算が認められている。問題は、社会的な課題を解決したり実現するための教科学習について、どのような教育改革をするかということである。これは学校だけでなく、塾の現場でも解決すべき大きな課題だ。「今存在しない未来を創るための新しい学び」について塾の中で検討し、それを前提とした指導を構築していかなければならないのだ。

「理工学系の話が多いと感じますが、論理的思考力を身につけた生徒が数学の成績を上げたり、作文を書く能力を高めたりしているので、一概に理数系の教科学習中心でなくてもよい。わかりやすいレポートを書くトレーニングも必要だし、多数の情報をもとに論理的に考えて結論を導きだすトレーニングも必要だ。また、アート（芸術）について親しみ、独自の表現力やデザインが出来るようにもしたい。贅沢な考え方だが、日本の新たな『ものづくり社会』の構築のためには必要なことなのだ」（某業界団体トップ）

すでに大手塾のいくつかでは、研究室やプロジェクトチームが出来て、こうした課題について研究や実証実験を行っている。AIロボットを授業に活用するとしても、様々な解決すべき課題があるのだ。たとえば教科を何にするか、ロボットの反応をどこまで出すか、集音マイクの性能をどう高めるか、好奇心豊かな子どもたちが壊さないようにするにはどうしたらよいか、複数台導入した時のWiFiの環境はどうすればよいか……など。

「文理融合」時代には「科目横断型の指導」がスタンダード化していくことが確実だが、科目横断型の指導のできる教師がどれだけいるのか？　どうしたら育成できるのか？　人や教材に投資した分を回収するためにはどのようなビジネスモデルにすればよいのか……塾自体が問題解決型組織として新たに稼働していかないと先に進まなくなるのである。しかし、これは遣り甲斐のある仕事であることも確かなのだ。

札幌市の図書館。

さて今回、大学入試改革において英語民間試験と国語の記述式の見送りが発表されたが、新しい学びは着実に次の世代を未来で待ち構えている。準備していた人たちは落胆したが、導入される学年が数年ズレるだけだとも言える。国語の記述式も含めて、将来的に新テストが実施されていくのである。

ただし、大学入試のためだけに教育があるわけではないので、学習塾業界では、生徒一人ひとりが未来で活躍できる学びについて検証していくべきであろう。

「受験のためだけの勉強なら、出来るだけ少ない時間で少ない勉強をする、いわゆる短距離走をすればよいが、人生は長い。受験を突破するだけでなく、人生の中で楽しく自己実現できる仕事を見つけて、そのために必要な学びをしていくことが大事だ」と語るのは、塾業界の重鎮。

「そのような時代に生徒指導する人は、デジタル機器に対しての知識や技能が優れているだけでなく、レベルの違う生徒に適切なアドバイスが出来る人が望ましい。つまり、優秀な生徒にはちょっとだけ先

図書館の活用を積極的に行う秋田国際教養大学。

を見せてあげるようなアドバイス、慣れるのに時間のかかる生徒には適切な手順を見せてあげて取り組ませるなど、臨機応変な指導が出来る人材を塾が確保しなければ、学習塾業界で生き残ることは出来ない」

もう一人の業界の重鎮は次のように語る。

「大事なのは教育への情熱。生徒の未来は高齢化した講師の未来でもある。生徒に自己実現させるだけでなく、より良き未来を創るための教育に携わっているのだという自覚があれば、その指導も当然かなりの熱を帯びていく。そして熱の伝播により、指導する環境が盛り上がり、それは当然のことながら塾の花栄を約束し、塾同士と講師同士の切磋琢磨で良い教育サービスが広がって行くことになる」

働きながら学べて、新しい教育ICT時代にも対応し、未来の新しい社会の構築にも貢献できる、学習塾業界で働く魅力がここに集約されている。様々な苦難や不安も待ち構えているだろうが、これからも学習塾業界はまさに働き甲斐のある業界であることは間違いない。

個別ブースは最新の機材で。

四　大手予備校の過去・現在・未来

◆歴史ある大手予備校が新時代の教育に応えていく

大手予備校といえば、「三大予備校」のひとつに数えられ、二〇一八年に創立一〇〇周年を迎えた駿台予備校がある。その母体は明治大学の教授だった山崎寿春氏が一九一八年、東京・神田錦町に創設した「東京高等受験講習会」だ。歴史の古さとともに、大学合格実績も全国トップクラスである。二〇一七年には、東京大学に一三四五名が、京都大学に一四〇二名が、国公立大学医学部医学科に一九四〇名が合格した。ちなみに、二番手と呼ばれる河合塾が東大一二六三名、京大一三一〇名、国公立大学医学部医学科に一六三〇名である。また、東京大学合格実績を毎年ベンチマークしている東進衛星予備校は、東大八三〇名、京大三八〇名、国公立大学医学部医学科が一二九〇名となっている。これは加盟している大手塾の合格実績が大きく貢献している。

現在駿台では、集団式授業の「高校生クラス」「高

アナログとデジタルの融合が「教育の未来」か?!。

広い廊下のある塾が増えた。

卒クラス」をメインに、首都圏から、札幌、仙台、関西、東海、広島、福岡に教室を展開。その活動は一世紀を通じて揺るがない教育理念「愛情教育」に貫かれている。充実した学習生活を送り、希望ある未来を掴むため、生徒一人ひとりの想いや目線を大切にしているのだ。

日本だけでなく、海外にも拠点を拡大。東南アジアではシンガポール、マレーシア、バンコク、香港、上海、浦東、台北、ジャカルタ、ミャンマーに、アメリカではミシガン、ニューヨーク、ニュージャージーに帰国生向けの海外校を設立。二〇一六年にはドイツにデュッセルドルフ校を設けた。こうしたグローバルな事業戦略やITを活用した教育ソリューションなど、次代に向けた教育サービスを開拓している。

Z会増進会の歴史も古い。母体は一九三九年に東京淀橋（新宿）に創設され、通信添削を主とする業務を開始した「実力増進会」だ。太平洋戦争による戦災を被って活動を一時中断したが、一九五二年に静岡県で指導再開。会社の名称を「増進会」として「Z会」の略称も併用した。一九八五年には進学Z会渋谷教室を開校し、対面教育を開始。一九九一年に「東大マスターコース」を、一九九九年には「京大マスターコース」大阪本部教室を開校した。

以来、Z会は毎年一〇〇〇人前後の東大合格者を輩出している。二〇一九年には、東京大学に通信教育の会員含めて九六七名が合格。京都大学には同じく九四八名が、国公私立大学医学部医学科には一三五三名が合格した。

「受験学習を通じて、自分の未来を、自らの力で切り拓く強い個人としての力を獲得する」。この教育理念は「Z会東大進学教室」「Z会京大進学教室」などに受け継がれている。同時に少人数制クラス授業を始め、映像授業・個別指導など学習スタイルも拡充。一人ひとりをより丁寧にサポートしていく体制を整えた。現在は栄光と連携したZEホールディングスのグループ会社として、新たな理念「最高の教育で、未来をひらく。」を掲げ、可能性を拡げている。

「三大予備校」のひとつ代々木ゼミナールの創立は一九五八年だ。一九九九年に「代ゼミサテライン予備校」を開講。二〇〇八年には東京・JR代々木駅近くに本部校である地上二六階の「代ゼミタワー」が完成した。高層階の一角には合格祈願のできる神社もある。

現在、「志望校が母校になる」をキャッチフレーズにして、現役生に向けた「高校生コース」、高卒生に向けた「大学受験科」「単科ゼミ」を集団式授業で

東京大学赤門。

開講している。校舎は本部校の他、立川北口受験プラザ、新潟校、札幌校、大阪南校、福岡校があり、札幌、東京、新潟、福岡には全室個室の寮を完備。なお、東京の寮は「代ゼミタワー」内にある。さらに、四十七都道府県とニューヨーク合わせて四〇〇校以上のサテライン予備校があり、VOD（ビデオ・オン・デマンド）によって人気講師の講義を受講可能だ。

「高校生コース」「大学受験科」などの大学合格者数は公表されていないが、WEBサイトでは東京大学を始めとする旧帝国大学や、早慶、医歯薬獣医看護系の合格者の声が掲載されている。帰国生に向けた「帰国生大学受験コース」からは京都大学や一橋大学を始めとする国公立大学、そして早慶上智などの最難関私立大学に多数の生徒が合格を果たした。

また、先に紹介した本部校を始めとする六校舎では、代ゼミ教育総研が運営する「代ゼミライセンススクール」が開講されている。ファイナンシャルプランナーから法曹、薬剤師まで、有名資格取得学校の講師陣の授業を受けることができる。

◆指導のノウハウを注ぎ、サポート校を展開する塾や予備校

現在、注目される民間教育のスタイルに通信制高校のサポート校があり、これを運営する塾や予備校も多い。サポート校とは、通信制高校に在学している生徒のための民間の教育機関。通信制高校は、その学びのスタイルから、高校を中退した人、不登校で悩む生徒、発達障害などにより通常の学習が難しい生徒に向けた学校である。通信制高校を卒業するには、レポートやスクーリング、テストを通じて単位を取得する必要がある。しかし、通学せずに独学で勉強するため、途中で挫折したり、三年間で卒業できなかったりするケースも少なくない。そこで、サポート校では、少人数制や担任制などを導入。単位取得や進級に向けて、学習面や生活面、精神面などを支援しながら卒業までをバックアップしている。

塾や予備校が運営するサポート校の特色は、培ってきた大学受験や個人指導のノウハウを活かせることだ。こうしたサポート校には、河合塾の「河合塾COSMO」「河合塾サポート梅田」、個別指導塾スタンダードの「スタンダード高等学院」、早稲田ゼミナールの「早稲田ゼミナール高等部」、学研の「WILL学園」などがある。

個別指導塾スタンダードを全国的に展開する（株）個別指導塾スタンダードの「スタンダード高等学院」は、同塾の直営と加盟塾がある都道府県でサポートが受けられる。原則は在宅学習だが、「標準サポートコース」では、最寄りの個別指導塾スタンダードで講師に質問対応してもらうことが出来る。また、サポート校といえば高卒資格取得が主たる目標だが、同校の「大学受験コース」では、本人の志望に即した進学指導のもとに、担任が生徒に合わせた個別のカリキュラムを組み、大学受験に向けた指導を行っている。「WILL学園」は埼玉、千葉、茨城、大阪、兵庫に教室を展開している。特色は不登校の子どもたちへのサポートが手厚いこと。講師が自宅を週二日訪問して授業を行う「在宅コース」、週二日の通学授業に加えて週一日のペースで講師が自宅を訪問しサポートする「特選コース」、講師と

代ゼミタワーの「日々是決戦神社」。

自分だけの自習スペース。

信頼関係を築いて除々に通学に慣れていく「選択コース」などが用意されている。

◆3Dの特性を活かした学習アプリも登場

スマートフォンやタブレットPCなどITツールの普及により、学習オンラインサービスを利用する子どもたちも増えてきた。中でも人気のアプリが、㈱リクルートマーケティングパートナーズが提供する小中高校生向けの「スタディサプリ」だ。低使用料と充実したコンテンツが高く評価され、私立の中高一貫校などにも導入されている。

「スタディサプリ」は二〇一一年に高三生や受験生を対象とした「受験サプリ」としてスタート。プロ講師による講義の動画で志望校合格をサポートしてきた。その後、小中学生に向けた「勉強サプリ」、英語学習用の「英語サプリ」「英単語サプリ」などユーザーのニーズに応えたアプリを開発。二〇一五年度の累計有料会員数は二五万人を突破する。二〇一六年にはブランドを「スタディアプリ」に統一。現在、「小学講座」「中学講座」「高校講座」「大学受験講座」「ENGLISH」「英単語」などがリーズナブルな価格で利用できるようになった。

「この星1位の映像教材」「明日やろうは、バカやろう！」をキャッチフレーズに、全国実力講師陣（鉄人）が、垣根を超えて集結した「学びエイド」は、一日三コマまで無料で、全科目+教養講座の一万七千コマを受講できる画期的なシステムで学校や塾の生徒の支持を集めており、全国の塾や予備校から注目されている。

小学四年生から六年生用の「計算アプリ」「漢字アプリ」は〝自ら考え、学び進める〟姿勢を身につけるためのアプリだ。中学生用には「合格基礎力アプリ」「合格英語読解力サプリ」があり、理解度に合わせた出題で、中学三年分の内容を教科書や学年を超えて進められる。進研ゼミの「中学講座」にプラスして学ぶことで、トップ校合格に必要な力をつけることを目的に開発された。

他にも、デジタルならではの特性を活かしたアプリを小学三年生から中学三年生までに向けて提供している。平面ではなく3Dに置き換えてイメージで

英語は楽しく身につける。

塾のオプション講座が増殖中。

習い事のそろばんや囲碁。

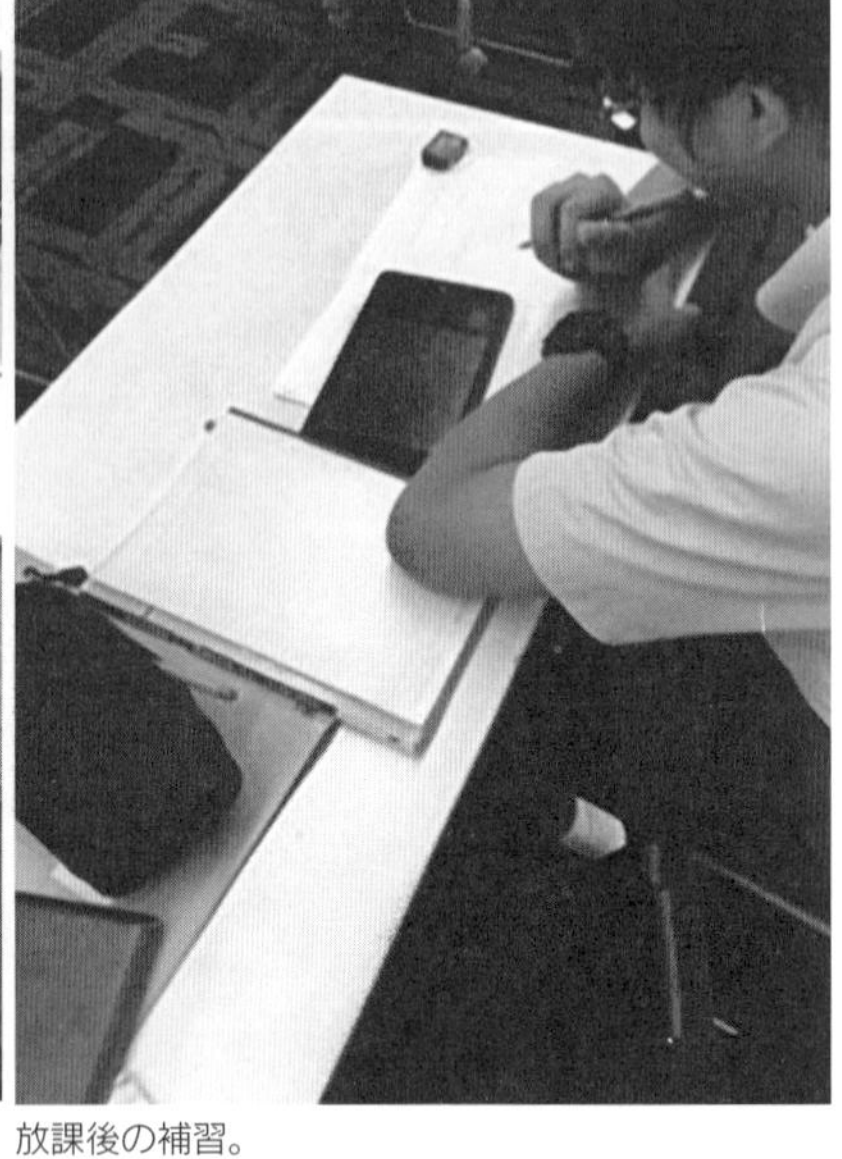
放課後の補習。

きるため、本質的な理解が深まり、知識の運用能力の育成に役立つ。たとえば「地理・歴史でつながる地球儀」は、美しい立体イラストで描かれた地球儀を自由自在に行き来して、全世界数千の事柄を理解できるアプリだ。

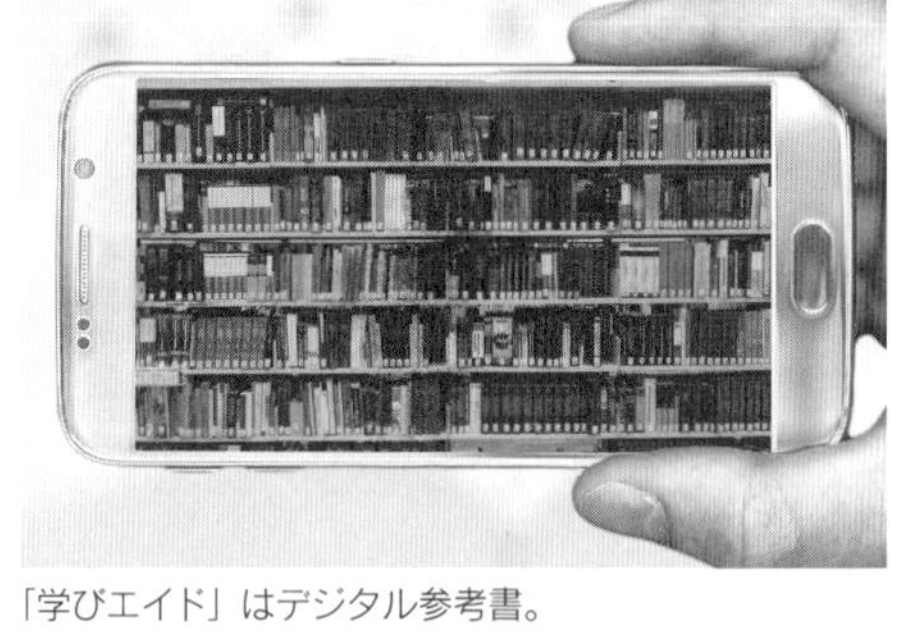
「学びエイド」はデジタル参考書。

授業で習った場所や気になるアイコンをタップして学習できる。「月サプリ」は、月の動きや満ち欠け、地球の動きと月の見え方などの単元が収録されたアプリ。平面では理解しにくい太陽と月と地球の位置関係も、３Dを駆使することで、よりリアルな視点で把握できるのだ。これらのコンテンツは随時更新されていく。最先端のデジタル教材によって、高大接続改革でも問われる「思考力・判断力・表現力」なども養えるといえるだろう。

Chapter 2

主要な学習塾業界の概要と戦略

練成会グループ

「教育は人なり」。経営の中心に据えるのは〝人間力〟

◆卓越した指導力により絶大な支持を得ても、常に挑戦する気概を

練成会グループの創設者である、奥山英明　代表取締役会長

北海道札幌市に総本部を置く練成会グループは、北海道と山形・青森・仙台、そしてベトナムと国内外二八都市、二四〇会場にて小・中学生・高校生対象の学習塾を運営しており、グループ社員六二〇名・塾生数は三万名を超える。

集団指導を柱に札幌には個別指導教室・予備校の新ブランドも展開。従来の指導形態だけに捉われず、映像やユニークな教材を用いたコンテンツも積極的に取り入れており、昨年からはプログラミング教室やそろばん教室も開校するなど新たな学びの場・機会を創り続けてきた。

創業当初は高校受験を中心とした中学生指導がメイ

ピコそろばん釧路

ンであったが、現在は小学生から高校生までの小中高一貫指導体制を確立している。さらに、多岐にわたるツールを揃え、各部門・エリアごとにオリジナリティーあるカリキュラムを提供しており、単なる学習指導に留まらず、二〇一四年には学童保育「東京インターナショナルスクール　札幌円山アフタースクール」を開校。独自の探求型カリキュラムが特色の「英語で学ぶ幼稚園」である「キンダーガーテン」など新しい取り組みを積極的に推進。また、二〇一五年には海外進出を果たし、ベトナム・ホーチミンシティに三教室を開校。日本人職員の支援を背景に、ベトナム人講師がベトナムの子どもたちを指導することにより国の発展に貢献するべく活動の輪を広げている。

◆『心と創造』の具現化を目指す

「練成会グループは『熱意あふれる親身な指導』をモットーに、『学力を伸ばしながら、心も育てる』ことを使命としています。指導形態は各世代の子どもたちへ効果的な学習を提案するなか、集団指導や個別指導などさまざまな学習環境を整えており、幅広い学年で受講を可能とする能力を伸ばす指導体制を確立してきました。そして、その指導にあたっては、各地区ともに常勤体制を整え、プロの講師が責任を持って指導にあたっており、塾生・保護者にも絶大なる信頼をいただいております」（今村明広　取締役社長）

練成会は一人ひとりの講師の個性を十二分に発揮することで、活気あふれる授業を展開してきたが、その姿勢は創立以来今も変わっていない。また、夏休みには道内外各地から小中成績優秀者が集う「夕張合宿」をはじめ、高校生には「English Camp」も開催するなど各地区の仲間と特別講習を受講したり、ネイティブとの英語での交流などを通して合格の先を見据えた豊かな人間力を養うユニークなイベントも実施している。

㈱れんせい　取締役社長
今村明広氏

「塾の魅力は、人づくりを通して地

域貢献する存在であること。教育という仕事のやりがいは、子どもたちの成長とともに私たち自身も成長できる点にあり、さらに私たちを超えていく子どもたちの姿は未来創造へのエネルギーとなっていきます。資源の乏しい日本にとって子どもたちは宝であり、その宝が前向きな努力の積み重ねによってさらに磨かれ、希望に満ち溢れた存在となることこそが、日本を、そして世界を創っていく。私たち練成会グループはそんな高い志をもった学習塾でありたいと思っています」（今村明広氏）

◆さらなる質の向上に挑戦する練成会

㈱練成会は札幌練成会六七教室、四谷大塚ＮＥＴ四教室、東進衛星予備校一九教室、東進中学ＮＥＴ二教室、そして山形練成会八教室、青森練成会五教室、そして二〇一七年には仙台練成会を開設し、現在十教室を展開している。今後も札幌市および近郊都市（江別・恵庭・千歳・石狩）での展開と東北展開を推進する予定だという。

小学生部門では、主力の総合的学力を養う標準クラスのほか、英検対応の英語クラス、低学年に特化した能力開発クラスがある。また、中学受験の実績のある「四谷大塚ＮＥＴ」は開校六年目にして札幌市内私立中合格実績№1とともに、首都圏超難関校への合格生を送り出すなど、北海道内で最高レベルの受験指導を誇っている。

中学生部門は、高校受験を主とした総合的学力を養うクラスが主体。練成会の指導ノウハウを凝縮させ、学力別クラス編成で基本から応用まで幅広く指導している。

高校生部門は東大現役合格者八〇一名を輩出する全国最大規模の「東進衛星予備校」を札幌市内の特に利便性の高いエリアに設置。通いやすさは勿論、自習ルームやフリースペースなど充実化を図り、どの塾にも負けない快適な学習空間を提供している。

その結果、北海道では最も偏差値ランクの高い札幌

講師の力量も生徒の思考力もハイレベル（最良塾）

南・札幌北への上位合格はもちろん、その先にある東大・京大・国立大医学部への現役合格を果たしており、二〇一九年度入試では札幌難関中学・札幌トップ四高校・北海道大学への合格者数は過去最高を記録する成果を生み出し、練成会の三冠王を達成した。

㈱練成会　取締役副社長
山本直樹氏

「指導形態や学年の違いはあれど、練成会グループのモットーである『熱意あふれる親身な指導』が私たちの姿勢です。通ってくれる生徒たち、通わせてくれる保護者さまへの感謝の気持ちを忘れず、現状に甘んじることなく、日々、学習サービスの質を向上させ続ける集団でありたい。そんな思いで、常に前を、上を見て走り続けています」(山本直樹氏)

◆個別指導「3・14…」は、新たなコンセプトを加えてさらに進化する

練成会グループの個別指導「3・14…」は、「子どもたちの可能性は無限」という創立テーマのもと、小中高一貫の会員制進学個別指導塾として二〇〇三年春に誕生した。その個性的な塾名は、円周率π＝3・14159 2……と、無限に続く神秘の数字に、子どもたち一人ひとりが持つ無限の可能性への想いを重ねて名付けられている。地域に根ざし、子どもたちの未来と国づくりに貢献する個別指導塾として札幌市内一〇教室からスタートした後、現在は市内に四六教室を展開している。内訳は、小中高生向け個別指導「3・14…」が二七教室、ICT技術を駆使して理想的な自立型個別指導を提供する「合格実現塾」が六校、高校生専用の会員制現役予備校「ブレインズ・ジム」と「3・14ハイスクール」が計十一教室、ロボット製作を通じて科学技術を学ぶ能力開発教室「クレファス」の専用教室が二教室のほか、全国に先駆けて導入した小学生向け算数能力開発講座「パズル道場」、小学生英語の

新たなコンセプトの高校生専用教室「3.14ハイスクール」

「LEPTON（レプトン）」も全教室で開講している。今後は、個別指導教室と高校生向けの現役予備校合わせて二十教室ほどを新たに開校し、塾生数も一・五倍まで拡大する計画を進めているという。

㈱れんせい　取締役副社長
吉田厚二氏

個別指導部の事業部長・吉田厚二氏は次のように語る。

「『3・14…』は奥山会長が唱える「教育は人なり」の言葉のもと、練成会グループがつくる進学個別指導塾として、創立以来、『人』と『質』にこだわり研鑽を重ねてきました。生徒指導においては、先生一人に生徒二人までに限定した個別授業が生む理想的な距離感のもと、解らない部分をピンポイントで効果的に指導することで気づきとインパクトを与える感動授業や、全教室に設置されている専用自習室と家庭学習指導による自学力育成など、指導の質を追求してきました」

個別指導部門では、北大生を中心に六〇〇名以上が在籍する講師陣の主体性を引き出すための新たな交流の場として本部環境を整えると同時に、学生講師が企画運営する「3・14サミット」を実施。社員とともに学生講師たちも重要なパートナーとして校舎運営に関わることで、良き師であり、兄姉のように本気で生徒に向き合うことを求めてきた。こうした人と質に対する本気の関わりは、小学生から通った塾生の東大・京大など難関大への現役合格をはじめ、多くの卒塾生が講師として生徒指導にあたっていることや、節目ごとに驚くほどの卒塾生が教室に訪れるなど、何物にも換え難い充実感と感謝の心をもたらしてくれている。

◆受験を通じて人間性を育てる、会員制現役予備校「ブレインズ・ジム」

現役合格を目指す高校生のための会員制現役予備校「ブレインズ・ジム」は、詰込みが通用せず本物の学力が問われる難関大学受験に必要な自学力と、強い精神力を育む「3・14…」の大学受験部とし

㈱れんせい　常務取締役
松田 彩氏

て開校した。生徒は学習習慣を身につけるための会員制自学専用学習空間「BGセルフ」に加え、弱点をピンポイントで克服できるマンツーマン授業「BGパーソナル」の二つからコース選択が可能だ。また、二〇一五年より、新たなコンセプトの高校生専用教室「3・14ハイスクール」を札幌駅前など札幌市内に五校開校した。現在はあわせて十一教室体制のなか、今後も積極的に新校舎の開校を予定しており、二〇〇〇人体制に向けた教室展開と人財育成を進めている。

大学受験部の統括本部長、松田彩氏は次のように語る。

「開校時からブレインズ・ジムが一貫して重視してきたものは『人』です。教室をつくるのはそこで働く講師と勉強している生徒です。生徒は講師に似て、講師は社員に似ます。ですから、まず社員が生徒と講師に対して一生懸命であり、『彼らの人生を良い方向に変えたい』と本気で願い関わることが大切です。

社員と講師が集う新本部オフィス「3.14 SO-SEI LABO」

こうした『人』がつくりだす想いの連鎖が、ブレインズ・ジムをここまで成長させてきました。

多くの生徒にとって大学受験は人生最初の難関ですが、その難関を乗り越える過程で身につける力は、社会に出てから活躍するために必要な力そのもの。大学受験を通じて社会に通じる人間力を身につける場所がブレインズ・ジムであり、生徒は勉強や受験を通して、講師は仕事を通して、生きる力、幸せになる力を身に付けて巣立っていってほしいと願っています」

◆東北展開で、教育理念「練成会イズム」の実現を!!

仙台練成会本部長の長内篤史氏は、山形・青森に続く東北への展開に関して次のように語る。

「『本物の塾』を全国に広げ、地域の学力向上や教育によって『人づくり・国づくり』に貢献したいという思いが根底にあります。私は山形練成会進出に携わり、人間性豊かで素直で根気強く教育の質を重視される東北地方の方々の志向・気質には、練成会の『熱意あふれる親身な指導』が浸透し、根付き、成功するという確信がありました」

東北への進出は地域名を冠した山形練成会を二〇一三年夏に小中学部五校舎（山形市三校舎・天童市二校舎）・高校部一校舎にてスタートをきり、現在は山形・天童・東根の各都市に九校舎を展開。

さらに、山形県に続き、青森県での校舎展開がスタート。青森練成会は二〇一四年に開校して六年目を迎えているが、現在は青森・弘前の各都市に五校舎を展開している。

榴ヶ岡スクール

そして、二〇一七年には杜の都：仙台へ仙台練成会を開校。仙台市内に一気に五校舎を展開した。二〇一八年には高校部の東進衛星予備校北四番丁校や小学校低学年の専門の「キワミキッズ」の開校、さらに、地下鉄南北線の沿線にも数校開校し、二〇一九年の冬に榴ヶ岡スクールの開校で十校目となった。

「山形・青森・仙台ともに、地域の方々に支えられ、多くのお子様に通塾していただいております。これからも地域全体の学力向上に貢献できるように指導に力を入れていきます。特に仙台では、その教育熱の高さに驚き、これから如何に応えていくかが最優先課題となっていますが、教室が増えても練成会イズムが薄まらないよう伝え続けていきたいと思います」

◆海外展開の第一歩をベトナムの地でスタート

「塾文化の輸出」を志として練成会グループは、二〇一五年九月にベトナム・ホーチミン市に第一校舎を開校、翌年にはさらに第二・第三校舎を開校させた。ベトナムの教育事情はまだまだ発展段階であり、学校の教員が副業で家庭教師や塾を開業し、その月謝で生活を成り立たせているのが実情だという。そのような中、練成会グループは、ベトナムの子どもたちの能力を引き出す教育を開始した。具体的には、パズル道場、ロボット教室、理科実験教室、さらには算盤や日本語教室を開講している。開校して五年目を迎えた今、練成会の教育の価値が認められ、現在は一八の公立小中学校で、理科やロボット教室、そして日本語の授業も担当しており、指導生徒数は一万名を超えている。

ベトナムには親日家が多く、日本から様々学びたいという方々が多くいる。日本人は、様々な苦難があっても、常に冷静で思いやりの気持ちを持って行動できるというのが、ベトナム人から見た日本人像であり、それを支えているのは日本の教育にあると練成会グループは考えている。そのような背景の中、これまで培ってきた創業理念である「心と創造」という精神をベトナムの子どもたちに伝えていくことが、ベトナムの方々の期待にも応えるものと同グループは捉えている。

レンセイベトナム本校

「今回のベトナム進出を通して、日本の子どもたちにも大きな刺激になってほしい」と今野裕二氏は語る。

「日本はベトナムに比べ、あらゆる面で恵まれています。その恵まれた環境の中で勉強することができるということに対して感謝の気持ちを持つことが、今の日本の子どもたちには必要であると考えています。今後は日本の子どもたちとベトナムの子どもたちが交流する機会を作っていきたいと思っています」（今野氏）

練成会グループは、これからますます強まるグローバル社会の中で、逞しく、そして日本人の素晴らしいアイデンティティを備えた人財を輩出すると共に、日本が誇る塾文化の輸出を通して、様々な国の発展に寄与していきたいと考えている。

「グループ全職員一人ひとりが日々の成長を通して力を発揮し、次なる五〇周年、そして百周年へと企業としての大きな志を掲げ、全速力で駆け抜ける決意です」

㈱ヒューマレッジ（木村塾、個別指導Ｈａｒｖｅｓｔ、東進衛星予備校）

『人間教育最優先』をモットーとする地域一番人気塾

◆『普通の子』『勉強の苦手な子』の成績向上にとことんこだわる不思議な進学塾

㈱ヒューマレッジは、兵庫県尼崎市の阪急塚口駅に本部を置き（二〇一八年に、大阪梅田に本社を新設）、社員一二五名で、小中学生指導の「木村塾」が二二校、現役高校生予備校の「東進衛星予備校」が九校、個別指導の「Ｈａｒｖｅｓｔ（ハーベスト）」が一六校、私立中学受験の「ＳＥＥＤ（シード）」が二校と、全三一拠点七五〇〇名で「木村塾グループ」として運営され、三五年目を迎える。

創業後十二年間は塚口駅だけの一教場主義を貫いてきたが、その間には「苦くて辛い思い出もある」と木村吉宏代表は当時を振り返る。

「一九八六年に『塾は勉強の場であると同時に、人づくりの場である』を理念に掲げて、二四歳で塾を開業しましたが、『理想の塾づくり』どころか、地域から『アホ塾』呼ばわりされてショックを受けました……」

木村代表は、自宅の二階で開いた塾で、学校から見捨てられた子どもたちと一緒に食事をしたり、公園で遊んだりして少しずつ子どもたちの心をつかみながら勉強へと向わせていくうちに、地域で「どんな子でも成績が上がる塾」として評判となった。生

弱冠二四歳で開塾した木村吉宏代表

ヒューマレッジ木村塾グループ梅田本社

徒数も着実に増えていったが、ある不可解なことが起きるようになった。成績が上がっている生徒が塾を辞めていくのだ。
「辞めていく生徒からこう言われました。『先生、本当は辞めたくない。でも、学校や周りのみんなが、木村塾はアホ塾や言うんや。それで恥ずかしいからお母さんも辞めなさいって……』。これには、参りました。私の教育理念が完全に裏目に出てしまったわけです。学校で勉強ができないと言われている子たちがすがる思いで集まってくれた木村塾が、『レベルの低い塾』であると地域の人達に勘違いされてしまったのです」
　地域密着の塾であるがゆえに、一度マイナスのイメージが定着していくと評判は落ちていくしかない。木村代表は塾存亡の危機に際して「特進コース」の開設を決意した。
「地域の人から木村塾がアホ塾と呼ばれないためにはどうしたらいいのか……悩んだ末に『特進コース』の創設を決意し、高い合格実績を目指すことにしました。ただし、木村塾らしい姿勢にこだわり、外から優秀な生徒を集めるのではなく、いま塾に在籍している生徒の中から特進コースへの転籍を募ったのです」

名乗りでてきたのは八名の生徒たち。「先生と一緒に頑張ってみないか」という問いかけに「ぼく、やってみるよ」と集まってくれたのだが、彼らの偏差値はせいぜい五〇台の子がほとんど。その彼らが揃って偏差値六五以上の志望校合格を目指して猛勉強を開始したのだ。

「特進コースといっても、これまでの木村塾と同じように、勉強もするし、冗談も言うし、宿題をたくさん出すわけでもありません。大事にしたことはただ一つ……彼らの自立心です」

その木村代表の徹底した姿勢と期待に応えて、彼ら八名の『騎士』たちは翌年見事に難関の志望校に全員合格を果たした。

そして、これを機に、木村塾は地域で「超優良な進学塾」という評判が定着していき、合格実績の向上とともに生徒数も増えて現在の強固な基盤づくりが可能となったのである。

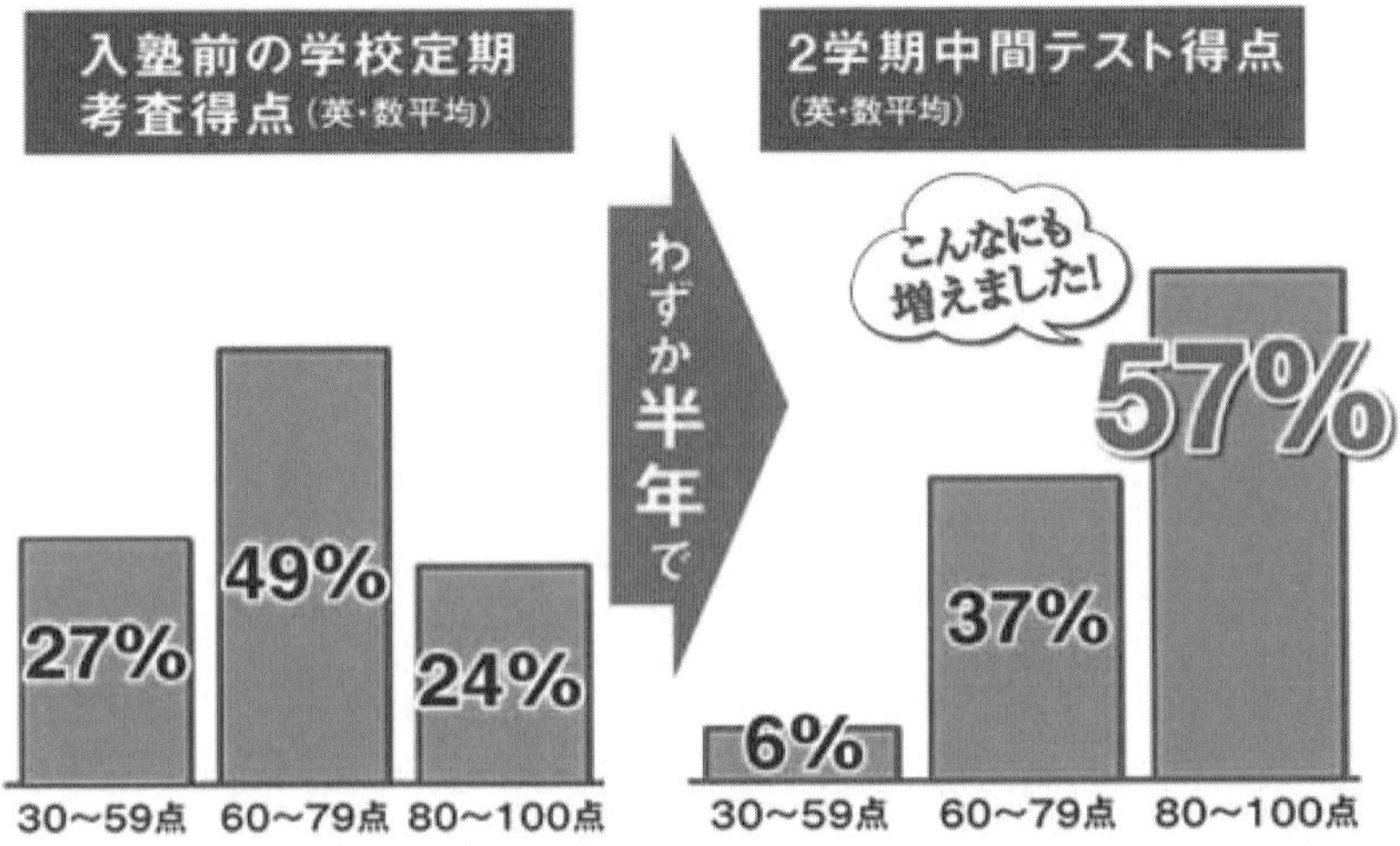

学力中間層・下位層を伸ばし、地元ではトップの合格実績を誇る。

人生の勝利の方程式 七ヵ条

第一条　いつも明るく元気いっぱいの挨拶を自分からすること。

第二条　「しんどい」「ムリ」「ダルい」などの“マイナス発言”は、教室ではもちろん、自分一人のときも絶対に口に出さないこと。

第三条　全てのことに「お願いします」の気持ちで取り組むこと。

第四条　自分の能力・可能性に自分で“限界ライン”を引かないこと。自分は必ず成功すると心の底から思うこと。

第五条　「普通では無理」と思うような高い目標を期限付きで具体的に掲げ、地道な努力を決してやめずに続けること。

第六条　何かしてもらったときに「ありがとう」と言うことはもちろん、全てのことに対して常に感謝の心を持つこと。

第七条　他人を喜ばせる、幸せにすることが自分の幸せだと考えること。

木村塾流人生の勝利の方程式七か条

◆心が変われば成績は上がる

二〇一一年、木村塾は創立二五周年という大きな節目を迎えた。四半世紀を経て同社は、木村教育研究会からヒューマレッジという新社名に変更し、「第二創業期」へと突入した。「三十四年前に、勉強づくり＋人づくりをモットーに木村塾を創設しました。木村塾には三つの柱があります。一つは、明るく楽しい塾であること、二つ目は出来る子だけではなく、学力中下位の普通の子をなんとかする塾であること、そして三つ目は人間教育をすることで成績向上しさらなる人間的成長ができる塾であること。

木村塾は学校で落ちこぼれたような子でも伸ばすことが得意な塾であり、それによって合格実績も塾創設三年目までは不調でしたが、四年目以降から二九年連続地域トップです。入塾時は全体の八割が学力中間層ですが、半年後には現在でも、その学力分布が真逆になります。（右記グラフ参照）一番のボリュームゾーンでもある中間層を伸ばすことができるから木村塾は三〇年以上、企業としても成長してくることができたのです」

　木村代表は胸を張ってこう語るが、二〇〇九年に大きな転機を迎えた。それは木村塾の校舎で起きた一つの「出来事」が発端となっていた。

「ある校舎の校舎長が試験前に宿題をたくさん出そうとしたら、生徒たちから『先生は鬼や』と猛反対を食らったのです。『何を言うんや、君らの為やで!!』と言っても生徒たちは耳を貸しませんでした……。それを聞いた私は、大きな決断を下したのです」

　木村代表は、宿題も居残り補習も、そしてテストさえも生徒本人の『志願制』にしたのだ。心からやる気でなければやらなくてよいことにしたのである。

「校舎長会議で私が発表したら、校舎長たちから『それはさすがにマズいでしょう』と、全員が反対しましたが、私は『嫌々生徒がやっても効果はない。やりたい子だけやればいい。これがうちの塾の方針や』と主張して決定したのです」

　これにより出来たのが『木村塾流　人生の勝利の方程式七ヵ条』だ。これは、「人間の根っこから変えていかなければ成績は向上しない」という考え方に基づいている。木村代表には自信があったが……、しかし現実は厳しいものだった。

「最初、宿題や居残り補習に手を挙げる生徒はクラスの中で二人とか三人でした。その生徒たちを面倒みてしっかりと褒めてあげて、みんなの刺激となって次第に手を挙げる子が増えていったのです。私はこれを『オセロ理論』と呼んでいます」

　黒から白へ……ものの見事に変わっていく様を木村代表以下、木村塾の先生たちは誇らしく見守ったのだった。まさに『グループダイナミックス』が巻き起こって奇跡を呼んだのである。生徒たちは自分から率先して、心から勉強をやる気になった。要は、「Ｍｕｓｔ」ではなく「Ｗａｎｔ」で勉強をするようにすれば、大きな成果が出るということである。

「この七ヵ条は、世の中の多くの成功者の共通点を集約したものなのです。一から五は自主・自立、克己について、六は感謝、七は利他の心です。これらを十点満点の自己採点でやると最初は低い点数だった生徒が、次第に高得点になっていくのです」

優しく活力ある女性社員　　バイタリティーと指導力に富む男性社員

「また、この七ヵ条を実践し、なぜ人は生きるのか？　なぜ勉強しなければならないのか？　日本は学歴社会だからか？　たしかにそういう面もあるが、あとの半分は社会の役に立つ、人を幸せにするために勉強し、働き、そして生きるのだ……。このような意識に目覚めると成績が向上するのです。人生の目的を持つ事で本人の心が変わり成績が上がっていくわけです」

◆大学合格実績も大幅アップ

木村塾の「人生の勝利の方程式七ヵ条」による影響は、小中学生だけにとどまらず、高校生にも大きな影響を及ぼしている。

「東進衛星予備校の高校部に来ている生徒で、偏差値がもの凄く低い子が、驚くほど成績が向上して、東大や京大に現役合格を果たしているのです。たとえば入塾時偏差値四七・六だった女子生徒が東京大学文科三類に現役合格（二〇一三年度）とか、四八・八から京都大学薬学部合格（二〇一四年度）偏差値四〇台だった生徒が大阪大・神戸大に現役合格（二

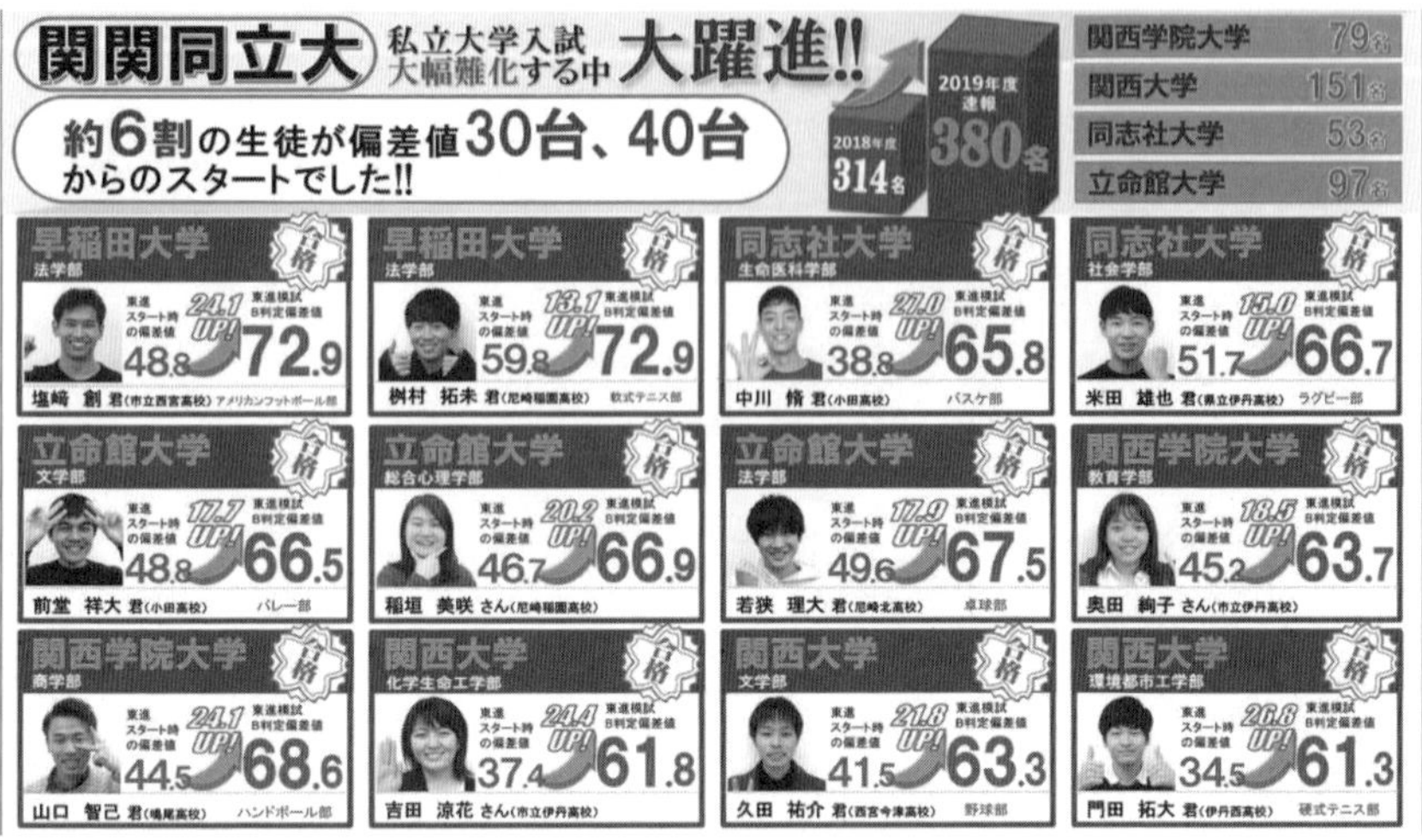

偏差値40台から難関大へ続々と合格。これが木村塾の「人間教育」の成果。

〇一三年～一九年まで七年連続）など……。本人もびっくりするほどの結果が出ています」

東大や京大に現役合格することだけが目的ではなく、偏差値の低い自分が東大や京大に現役合格したら後輩たちの自信や励みにつながると思い、さらに社会に出てから人の役に立つ仕事をしたいという思いが受験勉強の努力につながっているのだ。

「彼らの卒業した高校の後輩の刺激にもなっているのですよ。それほどランクの高い高校ではない場合もありますから。彼らは、単なるお題目ではなく、努力する喜びを知って自ら努力するようになったのです。言い換えれば、人間教育によって自ら勉強に励む姿勢が生まれたのです」

ちなみに、木村塾の中学三年生が塾内の高校部「東進衛星予備校」に進級する継続率は全国の加盟校で最も高い五六％である。ここにも、塾への信頼度の高さが見てとれる。だからこそ、難関大学の合格実績も年々増えているのだ。

◆「生き方」としての「利他の心」が、勉強の動機づけになる

先に紹介したように、「人生の勝利の方程式七カ条」の第七条「利他の心」を「勉強することの本来の意味」、そして生徒たちに社会に出てからの「生き方」として、各授業やグループ・ホームルーム等で意識づけをしてきたが、近年は「利他」の実践へと取り組みが進化・深化してきているとのこと。その取り組みの一つに「ビッグ・チェンジ・クラブ（BCC）」がある。タイトルの通り、生徒たちの心を「大きく変える」ことがねらいだ。

「この中には、ついついテレビやゲームといった誘惑に負けてしまったり、クラブが忙しいことを勉強が手につかない理由にしてしまっていたり、『自分ってダメやな』って思っている子も多いと思う。そんな子にこそ、是非この『ビッグ・チェンジ・クラブ』に参加してほしい。そんな『自分はダメやな』と思っている子が一念発起して頑張っている姿を周りの子が見たらどう思うやろ？　『自分も頑張れるかもしれない』そんな勇気をもらえる子がいるんとちがうやろか」

こんな話を生徒にしてBCCへの参加を募るのだが、勇気を振り絞って参加してくれ、「周りの仲間に勇気を与えたい」その一心で大きく変化を遂げる子が出てくるらしい。そうした生徒の多くが「『誰かのために』って思ってできる勉強が『楽しい』と感じることができた」そんなことをBCCに参加した感想文に書くのだという。それまでは「自分なんて……」と思っていた子自身にとっても「誰かのために」頑張れることが「自己重要感」に繋がるのだと言う。

そして、「利他」の想いを持って自分自身を大きく変化・成長させた生徒たちを表彰する「ビッグ・チェンジ大賞　大表彰式」が行われた。受賞者とその保護者合せて総勢約二五〇名がホールに会する「晴れの舞台」が、頑張った生徒たちの一層の自信となる。また、この表彰式が、「あの舞台に立ちたい」と生徒が思うような目標の場となることを目指しているとのことだった。

野田塾

圧倒的な教務力をコアに地域展開する日本有数のプロ講師集団。
ITCを武器に新たなステージへ邁進中！

◆私教育の醍醐味とは

情報化社会、国際化社会、成熟社会など、かつて今ほど社会の変化が大きい時代はなかっただろう。こと教育に関してはデジタル教科書対応、二〇二〇年を目処とした大学入試改革など、公教育はこの変化の波の真っ只中にいる。一方、私教育とりわけ学習塾はいかがだろうか。すでに学習塾は社会インフラの一部と言っても過言ではなく、ライフステージの一環として認知されている。つまり、学習塾は社会的使命の一端を担い、社会の期待に応えなければならない機関になっている。

学習塾の使命を一言で言うのならば、学力向上に尽きる。ここで言う学力とは点数アップとか志望校合格といった狭義的な学力ではなく、もっとも広義的な学力を指す。学習指導は言うまでもなく、体験学習、野外活動、ボランティア活動、デジタル教育など、私教育は公教育に比べて自由度が高く、より幅広く深い教育を提供することができる。だから講師と子どもたちとの距離もぐっと近くなる。それは師弟関係と言ってもよいだろう。

講師と子どもたちが寄り添い、二人三脚で歩み、苦労の末合格を勝ち取る。

「先生、合格したよ！」「先生のおかげだよ！」「本当にありがとう！」

この言葉を聞いた瞬間、今までの苦労も辛さも吹き飛んでしまう。この感動の凄さは、体験した者にしかわからない。このやりがいは他業種では決して味わえないだろう。塾ひとつで、講師ひとりで、子どもの人生を変えてしまうかもしれないのだから。

取締役塾長　三輪宏氏

◆未来にはばたく優れた人格の育成

野田塾は、一九五三年（昭和二八年）に創業した。それから六十年以上にわたり、「未来にはばたく優れた人格の育成」を教育理念に、地域の子どもたちを育ててきた。現在、名古屋を中心に尾張・知多・三河エリアに六十校以上を展開する教育ネットワークを形成し、塾生は一万人を超える愛知県最大級の学習塾だ。今後もさらに校舎を増設する予定。

「愛知県で塾に行くなら野田塾」と定評のある野田塾。実際に親子孫の三世代にわたり、野田塾に通った生徒もいるほどだ。少子化の影響から淘汰されていく学習塾もある中、野田塾が選ばれ続けている理由はいったい何だろうか？　それは授業方法、教育システム、学習環境、進路指導、安全管理など、あらゆる面で常に改革を進め、最高の教育を生徒・保護者、そして地域に提供してきたからだ。

野田塾では徹底して「学ぶ楽しさ」と「努力の大切さ」を伝え続けてきた。だから授業では、決して詰め込み式の無機質な教育を行わない。表面的な知識ではなく、その背景にある本質を理解させることで「学ぶ楽しさ」を伝え、「もっと知りたい」という自発的な学習姿勢を引き出したい狙いがあるからだ。だから講師はみな授業に最大限のパワーを注ぎ、チョーク一本で情熱溢れる授業を展開する。

また野田塾では、「受験」を単に「志望校へ合格すること」ではないと考える。受験を子どもたちがこれから直面するであろう、多くの壁を乗り越える勇気と行動力を培うための試練の一つ、将来の夢を叶えるための訓練として捉えている。講師はさまざまな機会を通して「努力の大切さ」を伝えていくのだ。「将来、優れた社会人として幸せな人生を送ってほしい、という願いのもと、今後は、徳を高め、才を磨く教育にも力を入れていきます」と語るのは人事部長の横博之氏。

社会や人のために行動できるよう、克己の心・利他の心・正義の心の「三つの心」を育てていく一方で、社会の変化に迅速に対応し、周囲の人々と共に成長していくための、学力・精神力・行動力の「三つの力」を育てていく教育を実践していく。

◆塾業界の甲子園。全国模擬授業大会開催

野田塾の講師の質へのこだわりは凄まじい。それが授業の質によく表れている。昨今塾業界では、映像教材、パソコンやインターネットを活用した授業など、便利なコンテンツが増えた。野田塾でも、ICTを使った学習を積極的に取り入れているが、しかしそれでも「指導の本質では、講師による『生授業』だ」と譲らない。

そのための技術研鑽にも積極的で、全国の塾講師らがその技術と情熱を競う一大イベント『全国模擬授業大会in名古屋』を開催している。他塾の講師との競争という機会を通じて「授業力」を鍛えるべく、全社を挙げて取り組み、社員も意欲的に参加している。

全国模擬授業大会実行委員長の川原本部長に大会の様子を聞いてみた。

「全国模擬授業大会」白熱の戦いを終えた講師陣

「この大会は栃木県の開倫塾様が、『チョーク一本で教育改革を』をスローガンに、講師の教え方、情熱、スキルを高めるために毎年五月に開催している全国大会の趣旨に賛同し、『秋は野田塾で』という意気込みのもとに始まったものです。野田塾の講師が大会に参加する場合、まず社内予選があります。これがかなり厳しい戦いになるのですが、見事予選を突破すれば、野田塾の代表としていよいよ本選に出場します。本選には北は北海道から南は沖縄まで、一〇〇名もの強者たちが名古屋に終結します。教科別に各自一五分の持ち時間を目いっぱい使い、七〇〇名もの見学者の前で授業を披露するのです」

時には涙あり感動あり。まさに塾業界の甲子園。野田塾では全国大会初参加の栃木の第六回大会から、名古屋大会を含め、四年連続で最優秀賞を受賞するなど、これまでに八名もの最優秀賞受賞者を輩出した他、各部門賞にも毎回のように受賞者が出ている。

◆次世代のステージへ。野田塾が描くICT戦略とは

幼児から大学受験まで、強みの教務力をコアにし

て着実に教育の裾野を広げてきた野田塾。そんな野田塾の次の一手は、教育のＩＣＴ導入である。

小学部では、毎月行われる月例テストで、デジタル採点システムを導入し、成績処理、成績表出力、答案返却を即日行う。またテストの解説動画もアップされているので、最速でテストのフィードバックを受けることができる。

中学部では、野田塾が独自に開発したタブレット端末ｎｐａｄを活用する。

全教科、反復学習の概念で設計されており、予習動画→塾での授業→自宅で復習のサイクルをくるくると回す。それを支えるデジタルコンテンツは多岐に及ぶ。テスト対策で使うＰｌａｎ＆ＤＯ、試験勉強の効率を上げるために、数学・理科の難問解説が見られる動画に加え、難しいと言われる愛知県公立高校入試のリスニングには、対策アプリを通して英語四技能を高める。

高校部では、分からない問題をタブレットやスマホで撮影して送信すると、翌日には動画解説で返ってくるというユニークなシステムもある。

反復学習で塾の授業を「わかる」から「できる」へ、内容を理解させる授業から定着させる授業など、ＩＣＴ教育の導入により今までできなかった夢のような学習が可能になってくる。野田塾には、デジタル化、グローバル化時代に合った効率的な学習システムで、この進化の波、教育改革の波に打ち勝つ戦略がある。

チョーク一本から始まった野田塾の授業は、デジタルツールを取り入れることで大きく変化しようとしている。そして講師の役目は、ティーチャーからコーディネーターやプロデューサーへと変わっていく。ただ変わらないことは、授業の主役が「講師」と「子ども」であること。

学校でも他塾でもできない、人とデジタルの融合を目指した野田塾の授業革命が、今始まったのである。

◆広い視野を身につける野田塾の教育

野田塾の教育の場は授業だけに止まらない。さまざまな体験学習や野外教育、活動を取り入れている。

学習方法を革命的に変えるnpad

「わくわく理科実験教室」では、なぜだろうと思ったり、興味を持ったりした科学的現象を実験で解明することで、科学的思考力の養成や理科への関心を深める。

二泊三日の「自然教室」では、ハイキングや魚のつかみどりなどを通じて自然に対する理解を深め、仲間との交流や友情を深めるまたとない機会になっている。

また、ボランティア活動では、募金活動を通してカンボジアに井戸を掘ったり図書を寄贈したりすることで社会活動に対する関心を持ってもらう狙いがある。

◆社員第一主義を貫き通す。女性にとって働き甲斐のある職

野田塾では、真の教育を通して社会に貢献する、という「企業理念」のもと、「教育理念」と「経営理念」を掲げている。中でも、社員第一主義による健全な企業活動が、この経営理念である。

野田塾では社員を大事にしていけば現場の教育の

岐阜・郡上高原の空気を満喫「自然教室」

充実につながり、子どもたちの満足度のアップにもつながると考える。実際に野田塾社員の勤続年数は業界平均より高く、勤続数十年のベテラン講師も活躍している。入れ替わりが激しい塾業界ではとても珍しいことだ。社員の勤続年数の長さは企業ノウハウを醸成させ、それがブランド力となり強みになる。

社員を大切にする野田塾の考え方は、労働環境にも表れている。野田塾では時間外手当制度の充実、終業二三時の徹底をはじめ、女性職員が活躍できるしくみも整っている。最近では、本人の希望に応じて、育休・産休制度を利用する職員も増え、時短勤務を利用して復帰することも可能になっている。無理なく仕事と子育てを両立させることができるのだ。結婚後も、総務部でｎｐａｄの開発などに携わったり、アカデミア部門で、教育現場でかつての経験やスキルを活かして働き続けることも可能である。このように野田塾では、常に社員が働きやすい環境を創ってきた自負と歴史がある。社員あってこそと考える野田塾。今後も教育を志す者にとって働きやすい環境づくりに余念がない。

2019年社員旅行（鹿児島）でのワンショット！

研修制度も非常に充実しており、プロ講師を育てるべく研修環境が整っている。授業のスキルアップだけでなく、メンタル面やマネジメントスキルまで幅広い成長をサポートする。

このような取り組みの結果は、社会的にも大きく評価されている。野田塾では、ある調査機関から発表された「日本顧客満足度ランキング　高校受験集団塾部門（東海）」で、二〇一五年から四年連続、総合第一位に輝いた実績を持つ。

また、習字・そろばん・ＡＢＣｍｏｕｓｅといった主に幼児から小学校低学年を対象とした「読み・書き・そろばん・英語」を学ぶアカデミアコース六部門を開設したり、高校部や個別指導部の充実を図り、高校部・個別指導専門の独立校舎を開校するなど、次なる戦略に余念がない。

地域に根差した着実な発展と成長を遂げてきた野田塾。子どもたちの成長と夢の実現を全力でサポートする塾、それが野田塾だ。野田塾の教育への探求と情熱には終わりがない。

ビジュアルビジョングループ

生徒から社員まで、人を幸せにする総合ビジネスカンパニー

◆一九七八年の創業以来、飛躍的に成長

教育に向けた情熱、家族や社員に対する愛情、周囲の人々に抱いた感謝の気持ち……。ビジュアルビジョングループの理念である「幸せとは夢を実現すること」には、井沢隆(いざわたかし)代表が半生で培ったこれらが反映されている。

「私は小学校時代から成績がよく、親からは『医者になれ』といわれたものです。しかし、高校に入ると一気に成績が落ちてしまいました。そこで路線を変更し、サラリーマンになって普通の生活を送ろうと思ったのです。とはいえ、大学くらいは出ていないとなりません。浪人を決意して予備校に入ると、エンジンがかかり、成績が復活しました。ところが入試直前の十二月に失恋し、一気に成績が下がってしまったのです。浪人を続けるわけにもいかず、再び勉強に励みました」

その後、井沢代表は中央大学法学部に合格。今度は法曹になることを目標に定める。入学式を済ませたその日から司法試験の受験勉強に打ち込んだ。同時に始めたのが家庭教師のアルバイトである。大学四年間で合格することにこだわっていなかったので、卒業後の生活の糧として貯金をしたかったのだ。家庭教師を選んだのは、時間が自由で司法試験の勉強

を優先できるためだった。

「大学三年生の時には六〇万円が貯まっていました。しかし、卒業後のことまでを考えると、週に三名まででしか教えられない家庭教師より、もっと複数の生徒を教えられる学習塾のほうが効率的だと考えたのです。そこで『あくまでも司法試験に受かるまで』と自分に言い聞かせながら塾を開きました」

この個人塾が弘猷館浮間教室である。一九七六年のことだ。「弘猷館（こうゆうかん）」とは「奥深い教養や知識を広める人の集う所」という意味だが、集まった第一期生の中学生たち七名は〝やんちゃ〟な生徒ばかりだった。しかも、倉庫を改装した教室は雨が降れば水が漏れ、バケツが満杯になったという。

「人は幸せになるために生きています。そして夢を叶えられる人生は幸せです。それは企業も同じです」（井沢隆代表）

最初は手を焼いた生徒たちだったが、双方の心の距離は少しずつ縮まっていき、高校入試直前には全員がクラスで一〇番以内の成績になって志望校に合格できた。第二期生は順当に成績を伸ばし、合格実績を飛躍的に押しあげてくれた。入塾希望の生徒は増え続け、教室が定員で埋まり、入塾が予約待ちとなった。その時に井沢代表は覚悟を決めたという。弘猷館浮間教室を開いてから四年が経っていた。

「もう、司法試験を言い訳にするのはやめよう。子供たちも、子供たちを教えることもこんなに好きなのだから、もうこの気持ちを誤魔化すのはやめようと思いました」

そして、一九八〇年「弘猷館」を「こうゆうかん」に名称変更したのだ。

◆埼玉・東京・茨城・群馬で五〇校以上を展開

「創立から一〇年になろうとしていた時のことです。早稲田大学に入って大学院まで進んでいるアルバイト教師が『社員になりたい』といってくれました。当時は経済的に厳しいご家庭の生徒もいて、保護者の方から月謝を払っていただけないこともあったものの督促はしませんでした。自分が食べていければよいという考えだったからです。塾を大きくする気もありませんでした。だから、そのアルバイト教師には『うちなんてとんでもない。今はうまくいっているけど、いつどうなるかわからないよ。ちゃんと将来について考えなさい』と諭してあきらめさせたのです。翌年になってまた彼が『一年考えたけどやっぱりここで働きたい』と懇願してきました。そこでご両親に会いに行き、その帰り道で彼に話したことを繰り返して述べました。その帰り道で彼は『こうゆうかんは日本一の塾です。将来、絶対に大きくなります。だから、ここで働きたいんです』といったのです。

二〇〇九年に埼玉県和光市に開校された「こうゆうかん和光校」の授業風景。

私は彼のこの言葉で法人化を決意しました。『社員の夢がかなう会社にしよう。それを自分の夢にすればいい』と思ったのです。そして一九八五年に株式会社こうゆうかん学院を設立しました。現在の株式会社ビジュアルビジョンです。『どんな会社ですか？』と聞かれたら、設立当初のまま『社員のためにある会社です』と自信を持って答えます」

その翌年一九八六年には、「こうゆうかん桶川校（現・桶川東口校）」を開校。これからの塾のあり方を示すモデル校舎として各方面で反響を呼んだ。駅前の繁華街では、居酒屋などの上に塾の教室があることも多いが、この校舎は三階建ての塾専用独立ビルなのだ。続いて鴻巣校、行田校、坂戸校、埼玉本部上尾校（現・上尾東口校）、北本校、桶川西口校、川越校、入間校、入曽校など埼玉県内に次々と「こうゆうかん」の校舎を設立。現在、埼玉・東京・茨城・群馬で五〇校以上を展開する首都圏最大手の塾としての地歩を築いていく。一九九五年には難関高校・中学受験の学習塾「THE義塾」を創立した。

一九九九年、株式会社ビジュアルビジョンを核にしてグループを統合。ビジュアルビジョングループが誕生した。その後、埼玉県さいたま市大宮区にある自社ビル「ビジョナリーⅢ」を拠点に総合ビジネスカンパニーを形成していくことになる。

埼玉県狭山市にある「こうゆうかん入曽校」。モットーは「とにかく楽しく・分かりやすく」だ。

◆教育から医療・介護、料飲、不動産まで

二〇〇〇年には介護部門を設立した。これには井沢代表の想いが大きく影響している。

「法人化から四年後の一九八九年に父が脳梗塞で倒れました。その前年に当時最先端の設備を擁する『こうゆうかん埼玉本部上尾校』を開校させるなど、塾として飛躍的な成長を遂げている中での出来事でした。会社を軌道に載せるために奔走しながら、父の介護が始まったのです。相当な苦労もありましたが、長きにわたる介護を通じて私は家族への愛情を一層強く感じることができました。また、多くの人たちにも助けられました。この想いをいつかカタチにしたかったのだと思います。会社として『塾以外の何か』を模索し始めた時期でもありました。介護をする方や利用者の方が『あったらいいな』と思えるサービスを実現しようとしたのです。

私は企業の存在価値は、どれだけ社会に貢献しているかで決まるのだと考えています。『社会貢献』とは人を幸せにすることに他なりません。そのために

ビジュアルビジョングループは、教育の現場では生徒が幸せになるために、介護の最前線では利用者の方々が幸せになるために貢献したいと考えています」

挫折を味わい、子供を教える喜びを知り、社員に恵まれ、多くの人々に支えられて介護を経験してきた井沢代表。その想いがこの理念に込められているのだ。井沢代表はこの理念をさまざまな事業に広げていくことを目指したのである。二〇〇一年には不動産部門が本格始動。教育部門では二〇一〇年に「ビジョナリースクール翔凜中学校・高等学校」を、二〇一六年には「東陵高等学校」をグループに加えた。医療・介護部門では、二〇〇七年から居宅介護支援「けあビジョン」、グループホーム「けあビジョンホーム」、就労移行支援事業所「w i l l ビジョン熊谷」、障がい者支援施設「カーサ・ミナノ」や「フレンドリー」、東京都認証保育所「チャイルドスクエア」などを次々に設立していった。女性向けフィットネス事業も手がける。

二〇一六年に開設されたグループホーム「けあビジョンホーム仙台萩野町」。ここからグループホームの全国展開が始まった。

「教育部門の『ビジョナリースクール翔凜中学校・高等学校』は、もともと千葉国際中学校・高等学校という国際人の育成を目指す学校でしたが、運営が厳しくなっていました。そんな状況の中、『新たな発想で学校を再生できる人はいないか』と私に声をかけていただいたことが始まりです。そうと決まったからにはビジュアルビジョングループならではの特色ある学校にしたいと思いました。そこで校名に『ビジョナリースクール』を冠したのです。

この学校が目指すのはハーバード大学進学も視野に入れたグローバル人材の育成です。世界レベルで見れば、東京大学が必ずしも評価が高いわけではありません。東京大学を頂点とする日本の教育界に一石を投じたい。そのためにも海外の大学への進学を目指せる生徒を育てたいと考えたのです」

二〇一二年には料飲部門に着手。フレンチレストラン「井ざわ」をオープンし、割烹・小料理の「にき亭」、広東料理店「青羅」などをグループに加えた。「料飲部門も『ビジョナリースクール翔凜中学校・高等学校』の時と同じ流れで引き受けました。私たちのグループにとって料飲は専門ではないので、店の運営は専属スタッフに任せています。

福島県にある「けあビジョンホーム相馬」では、心のこもった介護サービスが行なわれている。

いっしょに働く人たちに『幸せとは夢を実現すること』という理念を持ってもらえれば、どんな業種でも必ず成功すると信じています。ですから、私の中で教育も医療・介護も料飲も不動産もすべてつながっているのです」

井沢代表は「社員の夢の実現が私の夢」とよく口にするという。就労移行支援や女性向けフィットネス事業なども学校運営や料飲事業と同じように、社員の夢の実現の結果なのだ。

◆支えがあったからこそ校長になれた

ビジュアルビジョングループの社員二人に話を聞いてみた。一人は「こうゆうかん新所沢校」で校長を務める北田洋香（きただひろか）さんだ。入社五年目を迎える北田さんは、新卒で株式会社ビジュアルビジョンに就職。入社三年目で校長に抜擢された。校長として校舎経営や生徒の募集などの営業活動に励みながら、教師として小学一年生から中学三年生までに全教科を教えている。

「私たちの会社の魅力は、人間関係がよいことです。

大勢の人たちが心を一つにして社員一人ひとりの成長をバックアップしてくれます。井沢代表も時間を割いて、社員の声に耳を傾けてくれます。こうした支えがあったからこそ、私は若くして校長になることができました。

こうゆうかんのコンセプトは『一対一が一〇通り』です。つまり、集団授業でも個別指導の精神を大切にして教えているのです。生徒一人ひとりに学習の目標を持たせ、授業の後には声かけをして達成をサポートしています。その成果として、特に高校受験を目前に控えた中学三年生は自主的に自宅でも勉強するようになり、成績がぐんぐんと伸びてきます。常に生徒のことを考えているだけに、生徒の成長が試験の点数など数字になって現れると喜びで胸がいっぱいになります。

「生徒のよき見本となれるように、自分を律することができるように心がけています」（北田洋香さん）

保護者の方々の対応も私の仕事です。電話などでご相談をいただくたび、教師として校長として自分が信頼されていることを実感できます。そして感謝の気持ちも芽生えます。

私は中学や高校で古典文学の面白さや日本語の美しさに気付き、大学で日本文学を専攻しました。生徒にも好きなことを究める喜びを伝えられるよう、心の琴線にふれるような授業を目指しています。また、こうゆうかんには『人のためなら頑張れる』という理念もあります。自分のためなら途中であきらめてしまうことでも、人のためなら最後までやり通せるという意味です。私も生徒のために全力を注ぎたいですし、生徒にも将来、社会に貢献するために、今この時、勉強に全力を注いでほしいと思っています」

◆入社して人間として成長できたことを実感

もう一人は「こうゆうかん桶川西口校」校長とスーパーバイザーを兼任する須賀一（すが はじめ）さんだ。入社一五年目である。スーパーバイザーは各校舎の校長の相談にのったり、指導したりすることが主な仕事だ。

また、須賀さんは教師として小中学生も教えている。

「こうゆうかんは中学受験や高校受験を『人生における最初の試練』と位置づけています。そしてこの試練を克服することを通じて、より大きな試練に立ち向かう力と勇気を培うことを目標にしています。私はこの目標をしっかりと胸に刻んで生徒を教えています。私の授業によって生徒が少しずつ成長していく姿を見るのが大きな楽しみです。また、スーパーバイザーである私のアドバイスによって、校長たちが生き生きと活力を得て仕事に励んでいる姿を目にするたびに、仕事のやりがいを感じています。大学生のアルバイト教師たちの指導では、卒業して就職した時のことを考えて、礼儀やマナーも教えるようにしています。大学生たちが夢をかなえて実社会へと巣立っていくのを見るのもうれしいものです。

「ビジュアルビジョングループは、同じ理念と目標に向かって、お互いを高め合える企業です」（須賀一さん）

私たち桶川西口校は二〇一九年一二月から高校生も教えることになりました。これまで以上に地域の方々から信頼される校舎を目指していきます。

　ビジュアルビジョングループの特色は社員の結束が固く、自由に意見を言い合える環境であることです。上司や先輩に叱られても、素直に感謝できます。また、努力が必ず報われる会社でもあることも大きな魅力です。それは井沢代表が社員の一人ひとりを大切にするためです。私自身、この会社に入社して人間として成長できたと実感しています」

　井沢代表は顧客や社員に向けて、こう語っている。

「私たちビジュアルビジョングループでは社会に貢献するために一致団結し、皆が同じ方向へと向かい働いています。社長は社員のことを思い、社員は社長・上司・部下のことを思って仕事をしています。そんな人々で構成された会社は絶対に幸せになります。ですから、私たちは、永遠の社会貢献を目指します。すべての業務を通じて人々に貢献できる世界企業になりたい。それがビジュアルビジョングループの描く将来ビジョンです」

e·i s u g r o u p

徹底した「『個』への対応」と「オンリー・ワンの価値」を追求
子供たち一人ひとりに明るい未来展望を描く塾へ

◆「『個』への対応」を掲げる教育複合企業

三重県津市に総本部を置く「e·i s u g r o u p（以下e·i s uと略）」は「鈴鹿英数学院」を軸に、「えいすう総研」「エイスウ」等の複数法人を有機的に結んだ教育複合企業だ。

創立五五周年を迎える二〇二〇年に向けて「学習環境 日本一」「能動学習 日本一」「実践英語 日本一」実現をミッションとする「e·i s u55年構想」を掲げ、サービスのさらなる向上を目指し全社をあげて取り組んできた。

現在、東京都に五校舎、静岡県に一校舎、愛知県に四校舎、三重県に五二校舎、関連施設二二ヵ所と太平洋ベルト地帯に教育ネットワークの拡充を図ってきた。生徒数も小学一年生から大学受験生、社会人まで含め総数三万人（セイン英語ジム、パズル道場、eドリル各会員含む）を超えるなど、名実ともに全国有数の大手塾としてのブランドを確立している。

塾部門をなす「鈴鹿英数学院」は「『個』への対応」を指導理念に掲げ、私塾だからこそ可能な教育のあり方を率先して追求している。教科授業や演習をハイブリッドした「e·i s u小中部」、映像授業を中心に自立学習スタイルを追求する「n·i c e」、多様化する個々のニーズに応える「ｅ·ｉｓｕ個別指導会Ｅ・ＭＥＧ／東大個別指導会Ｔ・ＭＥＧ」、東進の映像授業・担任指導システムを導入した「ｅ·ｉｓｕ高校部」など、確実な学力養成と効率性の両立を実現する「ハイブリッド指導システム」によって、生徒一人ひとりの目標の達成に貢献している。

特に「ｅ·ｉｓｕ小中部」は創立55周年に向けて刷新と拡充を図っている。その第一歩として二〇一九年五月から「ｅ·ｉｓｕ小中部」では三重県全域を「北勢」と「中南勢」に分けて事業展開。地域密着型の学習指導と進学・受験情報の提供を行うためだ。さらにプレイング・マネージャー制度を導入して組織を活性化。他にも小学校低学年の能力開発コースの強化や、授業・教材の見直しなど、様々な取り組みが進行中である。

ｅｉｓｕの柱の一つである「えいすう総研」は、実際の教育現場で培った経験とデータに基づき、新しい教育手法を取り入れた多彩な教育コンテンツを企画開発。同時に全国の塾にそれを普及させることが主な業務である。えいすう総研が手がけているのは、ＷＥＢ学習コンテンツ「ｅドリル」、英語四技能育成コンテンツの「セイン英語ジム」、子供の知の器を広げ、考える力を育む「パズル道場」、独自の数学講座「ＬＯＧＩＣＴＲＥＥ（ロジックツリー）」、新時代の英単語教本「単語塾」などだ。

さらに「エイスウ」は、塾業界の健全な発展に資する運営ノウハウの共有と民間教育関連企業の高度な

eisu group　山本千秋代表

夢"Dream"こそ、生きる"Life"力そのもの。夢こそ、高みを目指して常に羽ばたき続ける、人間の無限の向上心そのものです。そんな皆さんの向上心に寄り添うのが、私たちeisuの夢です。
2020年、創立55周年を迎えたeisuは、初心に還る思いで、夢の翼"Life Dream"エンブレムを皆さんに贈ります。目にしたとき、自分の夢について見つめ直すきっかけになる。このエンブレムが、そんな役に立てば嬉しく思います。

2020 eisu 創立55周年メッセージ

ネットワーク作りを主な業務としている。一九九〇年より「エイスウｃｌｕｂ（全国民間教育経営者のための経営開発クラブ）」を主宰。毎年、春・夏・秋・冬に年四回開催される運営部会の独創的で意欲的な活動が業界の注目を集めている。

◆オンリー・ワンの価値の創造と発信

ｅｉｓｕの特長は、合格実績にこだわるだけでなく、教育環境の激変にも敏感に反応し、保護者や生徒などあらゆる対象に向けて熱心に提案や情報発信を行っている点だ。特に大学入試改革や学習指導要領の改訂といった教育制度改革について、各種セミナーなどを通じた啓蒙活動を推進。潜在顧客層の掘り起しと顧客創造に努めている。

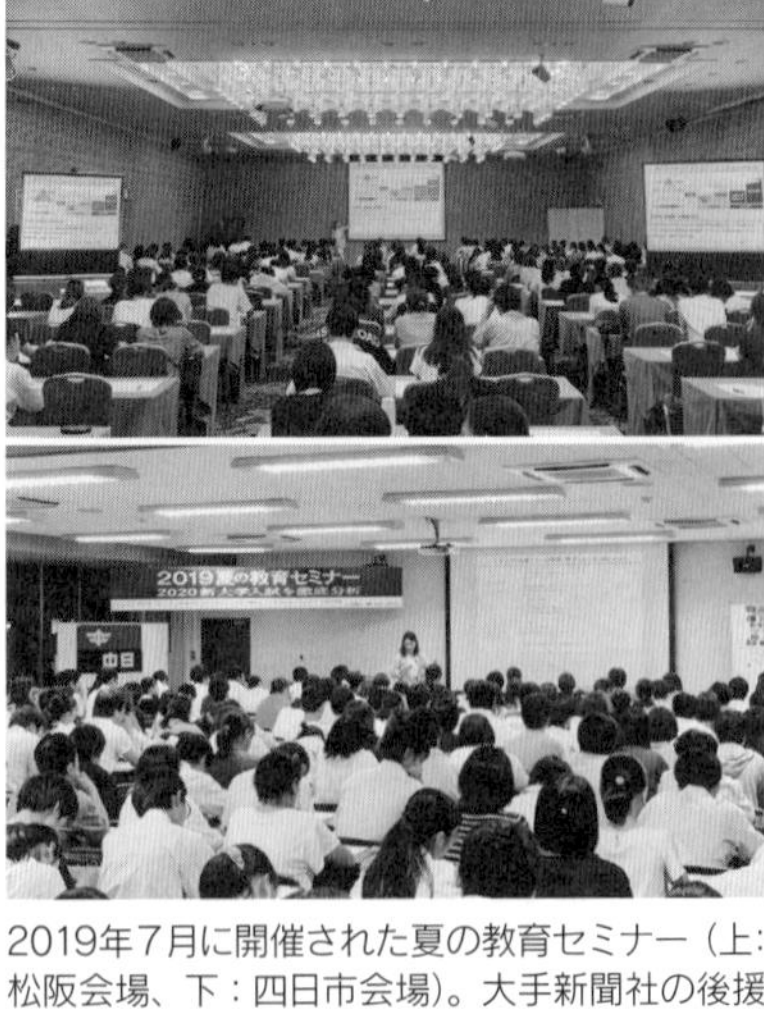

2019年7月に開催された夏の教育セミナー（上:松阪会場、下：四日市会場）。大手新聞社の後援を受けるなど、ｅｉｓｕの教育セミナーは年々、規模・質ともに拡大しており、教育業界全体で注目を浴びている。

本年もＣＯＯ（最高執行責任者）の伊藤奈緒氏が先頭に立ち、生徒や保護者、学校関係者、内部／外部、学年の枠を超えて多くの啓発セミナーを開催。教育の経済的価値や人工知能（ＡＩ）の台頭を見据えた学力養成などをテーマにしたメッセージを発信して多方面に反響を呼んでいる。

また、新しい学びのスタイルについては、代表の山本千秋氏が次のように述べている。

「子供たちを一定の場所に一定の時間拘束して一方的に働きかけるのではなく、子供たちの学ぶ意欲や情熱を引き出し、学びに相応しい環境や効果的に学べる多彩なメソッドを提供する。そんなオンリー・ワンの学びのスタイルを提案したいと考えています。言い換えればｅｉｓｕオリジナルの『能動学習』です」

そのコンテンツの中でも特に注目されるものは、

中学3年生と保護者を対象にした高校入試説明会（津会場）の様子。熱弁するｅｉｓｕ小中部営業統括責任者・津駅前校教室長の稲垣伸樹氏。

先に述べた「セイン英語ジム」「パズル道場」「反復演習ジムｅトレ&ｅドリル」だ。これらをハイブリッドし、主体的に学ぶ姿勢をもった子供を育てるのがｅｉｓｕの提案する「能動学習」である。

中でも二〇二〇年は「ｅドリル」の展開に力を注ぐ。小中学生に向けた、文部科学省新学習指導要領準拠・教科書ページ対応機能付きのＷＥＢ学習コースだ。子供たちは自主的に学習を進められ、主要五科目の確かな学力定着を図ることができる。

「セイン英語ジム」は二〇一九年五月にスマートフォンやタブレット用アプリとしてリニューアルされた。生徒のスマートフォンやｅｉｓｕ校舎にあるタブレット端末を使用して、個々のペースで時間や場所を問わずに英語の四技能を磨くことができる。モバイル機器で短時間に手軽に学習するマイクロラーニングの要素も取り入れているのだ。しかも、講師が生徒一人ひとりの進捗状況や正答率を把握できるため、的確なコーチングができる。

また、「セイン英語ジム」とマッチングしたオフラインのサービスも用意。その一つ「単語塾」は、受験や英語資格検定試験に必要なボキャブラリーが効果的に覚えられる英単語教本だ。第一巻から第三巻で計五二〇〇もの単語を網羅している。「セイン英語ジム」と合わせて学べば、さらに効果的だ。

一方、中核となる授業においても「思考力・判断力・表現力」を養成する他教科横断型の授業を組み込み、21世紀型の教育を実践している。

◆教育の本質に根ざした指導を志向

「これからはグローバル人材育成の必要性がいっそう高まるのは明らかです。また、AIの台頭・普及により、より人間らしい創造性・思考力・感受性が重んじられる時代になっていきます。こうした環境では『物』以上に人の『心』を動かす力を持てるかどうかが大切です。豊かな感受性や教養、他者と協働する姿勢、そして日本語や英語で自分を表現しプレゼンテーションする能力などが、これからを生きる子供たちに本当に重要な能力になるでしょう」(山本氏)

e・isuは、こうした方向性の教育については創立以来一貫して先進的な姿勢を貫いてきた。たとえば一九八七年以来、小・中・高校生を対象に毎年開催している「e・isu文芸カップ—文芸コンテスト／英語スピーチコンテスト—」には、例年一〇〇〇〇点を超える応募が全国から寄せられ、名実ともに全国有数の文化イベントとなっているのだ。毎年一一月三日の文化の日に行われる本選・表彰式では、生徒たちの見事な発表や演技に会場は大いに盛り上がっている。また、語学指導者デイビッド・セイン氏の協力のもと、英語の語彙力を競い合う「VOCABULARY CONTEST」も開催され、e・isu文芸カップと同じ一一月三日に決勝大会が行われる。

◆結果を粘り強く追い求める人財を

三重県を中心に首都圏・東海エリアまで幅広い教育ネットワークを展開するe・isuは、堅実な成長を続けている業界屈指の企業となっている。これは変化を恐れない精神、受験を人間成長の場としてとらえる確固とした教育哲学、そして何より日本の教

2019年11月3日にｅｉｓｕ倶楽部「湯の山」で開催された「第32回eisu文芸カップ2019―文芸コンテスト／英語スピーチコンテスト―」の入賞者と特別審査委員長のデイビッド・セイン氏（写真中央）。

育に対する熱烈な使命感を顧客に強く訴求しているからであろう。その運営方針について山本氏は「心によって心を動かす塾経営を目指す」と語る。

「ｅｉｓｕのテーマは『秩序ある混沌』です。これは①横ならびの組織②上位者は仕事の交通整理をして流れをよくするのが仕事③必要ならば新しいチームをつくる。不必要ならすぐ廃止する④担当者中心であるという四点を柱とし、常に有機的結合体として限りない発展を志向することを言います。また、どれほど規模が拡大しても『ベンチャースピリット』を忘れないこと。それがe・isuの原動力です」

そのベンチャースピリットとは①常に若さを保つ②仕事をエンジョイし趣味化する③心（情熱・信念・誠意・愛情）のエネルギーを十二分に発揮する④チャレンジ精神をもって課題に挑戦する⑤起業家精神をもって仕事を遂行することだ。この五つのスピリットを掲げて「自他共栄」の心を持てるなら、授業ができなくても教育に向いた人材であり、ｅｉｓｕの中で活躍できる場があるという信念が貫かれている。

さらに山本氏は、教育業界で働くための心構えに

eisuの採用情報WEBサイトより。伊藤COOのメッセージはhttp://www.eisu.co.jp/saiyou/coo/で公表されている。

“女性ならでは„の感性で、
女性が安心して働ける環境を創っていく。
伊藤 奈緒（いとう なお）
自身も中1から高3まで6年間学んだeisuに入社。
入社3年で人気・実力ともeisuの大学入試部門No.1講師に。
その後「東進衛星予備校」の運営に注力し、その成功により日本全国の教育関係者の注目を集め、研修・指導にも腕を揮っている。
座右の銘は「情熱が才能！」。

ついて次のように語った。

「私たちは民間教育の一翼を担う者として、本物の教育とは何かを考え、日本の将来のためにも、子供たちの持つ潜在能力を引き出し育てる使命を負っています。同時に私塾経営では、数字など形として現れる結果に対し、徹底的に粘って追求する姿勢も必要です。しかし、自分たちの心に嘘があっては顧客の心は動かせませんし、相手のことを思う姿勢がなければ絶対に受け入れてはもらえません。顧客と私たちの間で『真・善・美』と呼べる何かを共有することが、塾経営における必須条件となるのです。

そこで社員にはｅｉｓｕが提供するサービスの価値を研究し、しっかり自分の中に落とし込むように言い聞かせています。自分で良いと信じられるもの、自信を持って勧められるものなら、自然と相手を動かす力も強まる。良い結果を追い求める粘り強さ、そして利他的精神、これが重要だと思います」

また、経営陣に男性が多いこの業界にあって、グループ全体のＣＯＯに女性が就任していることも注目すべきだ。ＣＯＯの伊藤氏はｅｉｓｕの教育理念と社会的ミッションを社の内外に徹底させることで、組織全体の情報発信力を高め、ブランド力を強化。また、自ら先頭に立ってスタッフの新規採用にも力を入れており、その活躍が多方面で注目されている。

◆子供たちと社員の人間的成長を支援する塾

ｅｉｓｕのビルや教室を訪ねてまず驚くのは、建物がすべて清潔できれいなことだ。校舎を随時リニューアルし、常に最良の教育環境を提供するというｅｉｓｕのポリシーがハード面でも徹底されている。

また、「教育文化を通して地域に貢献すること」をモットーに、先に述べた「ｅｉｓｕ文芸カップ」「ＶＯＣＡＢＵＬＡＲＹ ＣＯＮＴＥＳＴ」をはじめ、各種イベント・スポーツ大会後援など多彩な文化活動も積極的に展開。より豊かな全人格的成長を志向するｅｉｓｕは、子供たちの多様な可能性を開花させるための努力を惜しまない。これらのイベントや教育制度改革の動向に関するレポートなどのトピックはニュースペーパー「ＯＮＥ ｅｉｓｕ」から発信されている。

社員のモチベーションを上げるイベント・研修にも、ｅｉｓｕならではの工夫やこだわりが活かされている。人間的成長のために、オンとオフを切り換え、仕事と人生を楽しむ姿勢が推奨されているのだ。こうした向上心の発露をｅｉｓｕでは「ＳＯＡＲ‐ＵＰ」と呼び、その前向きな姿勢は子供たちにも好影響を与えているという。

福利厚生施設も充実。ｅｉｓｕ倶楽部「湯の山本館」「湯の山 新館」「湯の山 仁心庵」「鳥羽安楽島荘」、『ミシュランガイド』旅館部門で毎年高評価を受けている「京都 洛陽荘」、そして「箱根強羅山荘」など社員や家族がリフレッシュできる環境を用意している。二〇一七年には「箱根マイセンアンティーク美術館」を所有。そして二〇一八年には、富士山の全景を目の前に望める御殿場市に、ｅｉｓｕが所有する複合施設の一角に「グランピング施設」がオープン。ｅｉｓｕの企業姿勢は、進取の精神に富み、常にイノベーティブだ。

うすい学園

生徒の成長×社員の成長＝企業成長を実践する企業

◆群馬県を基盤に毎年売上を伸ばし続ける、県内有数の優良企業

小・中・高校生対象の進学塾「うすい学園」、幼児・小学生向け英会話「アイムイングリッシュスクール」、「WILL個別指導学院」、「東進衛星予備校」を運営し、約六〇〇〇人の生徒数を誇る「うすい学園グループ」。生徒数増と売上増を着実にリンクさせ、ほぼ一年に一校のペースで新規教室を展開している。二〇一八年度には埼玉県さいたま市に公立中高一貫校受験専門の教室を開校した。また、毎年五～六％ずつの伸び率で成長し続けて、一度も減収となった

柴崎龍吾　代表取締役

ことがない。

代表取締役社長の柴崎龍吾（しばざき・りゅうご）氏は、一九五二年群馬県生まれで同志社大学を卒業。大学在学中の劇団主宰、放送作家を経て、一九七五年に自宅の一角で「うすい学園」の前身となる「横川学習塾」を開校。「観客（生徒）の心をつかむ演劇（授業）と塾教育は、相手に感動を与えるという点で共通項も多い」と話す。

当時の「横川学習塾」は、看板も掲げずに近隣の子どもたちが集まる補習塾だったが、口コミで生徒は増え続け、一九八一年に三校目を開校、以後、高崎市内を中心に群馬県全域に教室展開し、着実に成長を遂げてきた。一九八九年には六教室で生徒数一〇〇〇人に拡大すると個人塾から脱し、株式会社うすいを設立。他塾との差別化を図るため、視聴覚教室やネイティブ講師による英語学習「アイムイングリッシュスクール」を立ち上げ、地域の幼児英語教育に貢献してきた。補習塾の枠を超えて意欲的な小学生が集まったことで、中学高校受験の合格実績が格段に伸びるという副次的な効果も招き、これが転機となって進学塾「うすい学園」は確固たる知名度を築いた。

◆公立中高一貫校への合格実績と高等部充実が、さらなる企業成長の原動力に

二〇〇〇年には、小学生講座を充実させた新ブランド「高崎NEXT校」を開校、自社教材の開発に力を注ぎ、PISA（国際学力調査）型学力を養う「PISA読解力講座」「ロボットサイエンススクール」など、分析力・論理力・表現力にフォーカスした能力開発プロジェクトを次々と立ち上げて独自性を発揮してきた。

中学部・高等部への垂直展開を積極的に開進するにあたって、こうしたPISA型学力を養う指導が注目されたきっかけは、群馬県立の中高一貫校における圧倒的な合格実績だ。さらに、トップ高校合格者が三〇〇人に迫り、地域での存在感も増していく。地域密着型の進学塾として信頼を集め、企業として大きな成長を遂げていった。

◆小・中・高の縦のつながりで、生徒のモチベーションをアップ

少子化が叫ばれる昨今、いかにして生徒の在籍年数を増やすかが塾業界における大きな課題だ。うすい学園では、小学部から中学部へ、中学部から高等部へとつなげていくためにさまざまな取り組みを行っている。

たとえば、群馬音楽センターの大ホールで毎年行っている高校入試ガイダンスでは、高校生を壇上に上げ、パネリストとして自分の受験体験を語ってもらう場や、高校生が中学生に向けて勉強法を教える場を設けている。スポットライトを浴び、マイクで堂々と話し、用意されたホワイトボードに一生懸命板書して、自分の勉強法を熱く説明する先輩を見て、中学生たちは「合格したら自分も後輩に話したい」と、大いに感化されるのだという。

また、毎年志賀高原で行われる四泊五日の夏期合宿には、五〇〇人の中三生が参加するが、彼らをサポートするために、前年まで受験生だった新高校一年生のボランティアスタッフが多数集まる。なんと彼らは自発的に参加しており、その数は一〇〇人を超える。そして、卒塾した大学生たちも駆けつける。中三生は、前年まで受験生だった先輩のリアルな体験談を聴くことによって、この場で中三生から受験生に変身を遂げる。ちなみに、この合宿だが、生徒からの評判がすこぶる良く、九割を超える生徒が大満足しているという。

「中学生にとって身近な高校生の影響力は絶大です。高校生に中学生の前で将来の夢を語らせたり、先輩が学習法を教える企画などを通して、『あの先輩は遺伝子を勉強するために東大を目指しているんだ』『先輩のように勉強して、志望校合格を目指すぞ！』と、夢や目標を持つことの大切さをリアルに感じてもらいたい。創業四五年を数えたいま、こうした風土や文化を造り上げていきたいと思います」と柴崎代表は語る。

◆埼玉県での教室展開に力を入れる

二〇一八年、うすい学園は埼玉県さいたま市に公

立中高一貫校入試を目指す受験専門塾「Ｐｉｓａ塾」を開校した。群馬県での合格実績のノウハウを集結し、受験対策を行う。埼玉県の公立中高一貫校

理科実験教室　サイエンスランド

入試は、文章を読み、データを分析し、そこから問題点を考え、自分なりの解決策を提案するといった、まさにうすい学園が得意とする出題形式。授業では、文系対策、理系対策、英語対策を総合的に指導していく。理系対策では、デジタル世代の生徒たちのために、実際に実験をさせたり、英語対策では、自分の意見をクラスメイトの前で英語で表現させる。自分の手を動かし、頭で考えることで、物事の原理や思考力、そして表現力を身に付けさせることが目的だ。駅前には、多くの塾が立ち並ぶさいたま市でも、適性検査の対策を専門に行う塾は少ない。じわじわと口コミが広まり、今ではＰｉｓａ塾オリジナルの模試は毎回満席となり、我先にと次回の模試を申し込んでいく保護者も多い。生徒数も着実に増加しており、同年八月には二校目を、二〇一九年には三校目を開校した。

大橋広太郎教室長は、「受験の専門塾として生徒を合格へ導くことはもちろん重要ですが、私たちの本当の目的は、暗記重視型の今までの教育を適性検査の学習を通じて見直し、将来につながる本物の学力

を身に付けさせることです。これは、うすい学園の理念であり、その考えを埼玉に広めていくことがＰｉｓａ塾の役割だと考えます」と語る。

ＡＩの発達により、新しい学力が求められる今後では、Ｐｉｓａ塾の必要性はいよいよ高まっていくはずである。

◆新人の成長を上司・先輩が一緒に喜ぶ研修が充実

新卒入社の社員が会社のほぼ半数以上を占めるうすい学園。そのため、新人教育には非常に力を入れている。新人として入社した社員にはまず、教科研修、授業研修が待っている。教科の本質を学んだり、授業の進め方、生徒との接し方などを学んでいく。次に業務研修として、電話対応や保護者との対応の仕方を学ぶ。

「まず、授業に自信を持って臨めることが第一です」と語るのは、小池咲子教務部長。「そのために個人の適性を見極めて、どの学年、どのクラスの授業から始めてもらうか決めます。結構神経を使います」

研修は主として模擬授業とＶＴＲ研修を行う。事前に教案を準備してから模擬授業に臨むが、必ずしも教案通りに授業が進められるとは限らない。想定していなかった解答や質問が出た時の対応を、研修を通して身につけていく。また、ＶＴＲ研修では、実際の授業を撮影したＶＴＲを先輩や同期が見て、

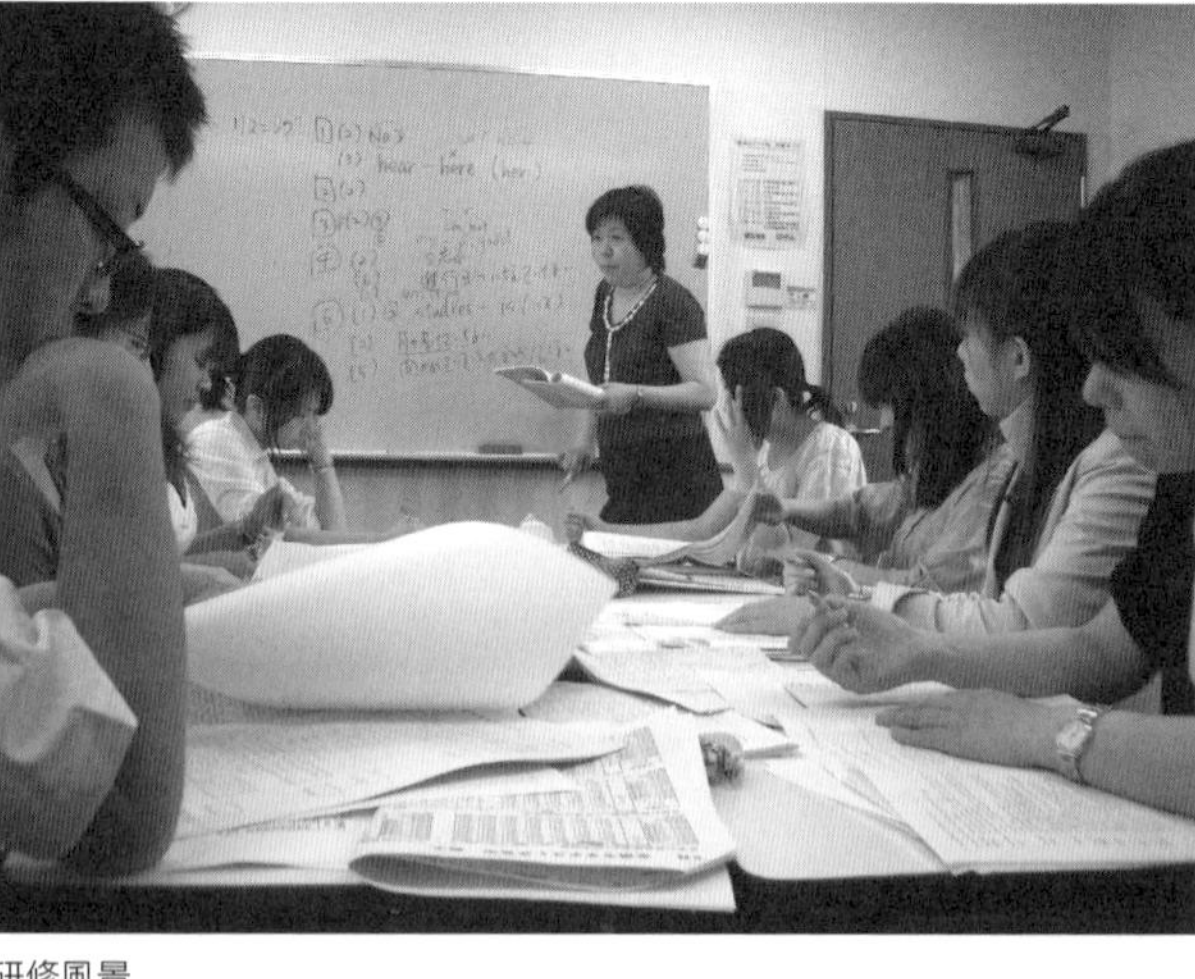
研修風景

修正点や問題点を話し合う。それを意識しつつ再び授業を行い、再度VTRを見て、以前指摘された部分が直っているか、新しい問題はないかなどを話し合っていくので、研修したことをすぐに授業に反映させていくことができる。

入社後は新人社員一人ひとりに「メンター」と呼ばれる先輩社員がつき、授業のこと、生徒との距離の取り方、教室での仕事のやり方、プライベートも含めた悩みの相談などに乗り、新入社員の不安の解消に努める。おなじ道を辿って来た先輩社員だからこそ、親身になって彼らを支えることができるのだ。

「研修はあくまでも現場へ出ていくための武器にすぎません。実際に生で起きる現場の波を乗り越えて、少しずつ自分なりの授業スタイルを身につけていくことが大事。ただ、うすい学園の新人は本当に成長が早い。はじめはびくびくして生徒の前に立てなかった社員も、半年ほど経つと、授業も堂々とし、生徒と共に笑い、生徒の輪を自然に作り出すことができています。この時には、すでに立派な講師へと変わっているのです」（柴崎代表）

◆教育は世界を変えられる。生徒が〝本気になれる場所〟が塾の存在意義

最後に教育業界を志す人たちに、柴崎代表から熱いメッセージを。

「環境整備やモチベーションを高める企画を充実させることで、家庭でも学校でもない〝第三の場所〟としてのコミュニケーションが塾に求められています。うすい学園では、短距離走ではなく、小学生から高校生まである程度長いスパンで子供と向き合い、育てる楽しさがあります。そして、人のために生きることに喜びを感じ、人の成長を喜びと感じられる、そういう自分になりたい人、常に進化し続ける教育に本気で挑戦したい人を仲間に迎えたいと思います。仲間が増え、皆が成長していくと、今度は人と人の間に化学反応が起き、そこにはとてつもない成長が待っています」

うすい学園には、社員も生徒の誰もが学び続け、自己変革ができる場があるようだ。

Column1

『龍の如く』

まだ少子化という言葉など無かった時代、塾の生徒数は眠っていても増えていた。補習塾に群がり、進学塾に群がり、そして予備校に生徒や保護者たちが群がった。そして個人塾から大手塾になった……。しかしこれからは安直な経営はすぐ命取りになる。

龍はただ闇雲に天上に登っていくのではない。エネルギーを溜めに溜めて勢いをつけて目指す天上の一点へと登っていくのである。だから、これから組織としての塾を拡大していきたいと思う人は、まずエネルギーを溜め、タイミングを見計らって勢いよく登っていかなければならない。

昔は実力と運と資金があればなんとかなったが、最近はそれにネット活用がプラスされる。なにしろDMが打てないしチラシも効かない。いきなり口コミはないから、頼るのはネットである。SNSを活用して集客するケースもある。これはもう騙されたと思ってやってみるしかない。ただし、時に大ブレイクもするが、リスクも伴うから、つねに二段構えでの確認が必要である。

Chapter 3

特集
教育 ICT 時代とは何か？

鈴木博文

AIロボットの教育分野への活用

◆人材確保に苦しむ教育業界

帝国データバンクが二〇一九年一月に発表した「教育関連業者の倒産動向調査」によると、二〇一八年一月～八月の学習塾の倒産件数が過去最多となった。少子化による生徒数の減少のほかに、インストラクターの人材不足も原因として考えられている。

学生のアルバイトとして塾講師をみたとき、時給だけを見れば他の業種より高給だが、事前準備や授業後の事務作業なども加えると、必ずしも割の良い職種ではなく、ブラックバイトとして語られることも多くなってきた。

教室の近くに大学が多い地域では、個別指導塾での指導は学生講師が中心となる。

個別指導塾のスタイルは、講師一人に生徒二人の一対二が一般的である。問題を解かせている間にもう一人を指導すればよいので、一対二は現実的な指導スタイルといえる。

一対三や一対四となると、熟練講師ならまだしも、教えることのプロではない学生にやらせるのは無理がある。中には一対六というスタイルも見られるが、こうなると、低料金で教育サービスを利用できるメリットはあっても、「個別」指導を期待するのは難しい。

そもそも学生講師だと、いつも同じ子供を継続して見られるわけではないので、個人に寄り添った指導が売りのはずの「個別」指導塾というスタイルは、何らかの工夫がなければ成り立たない。

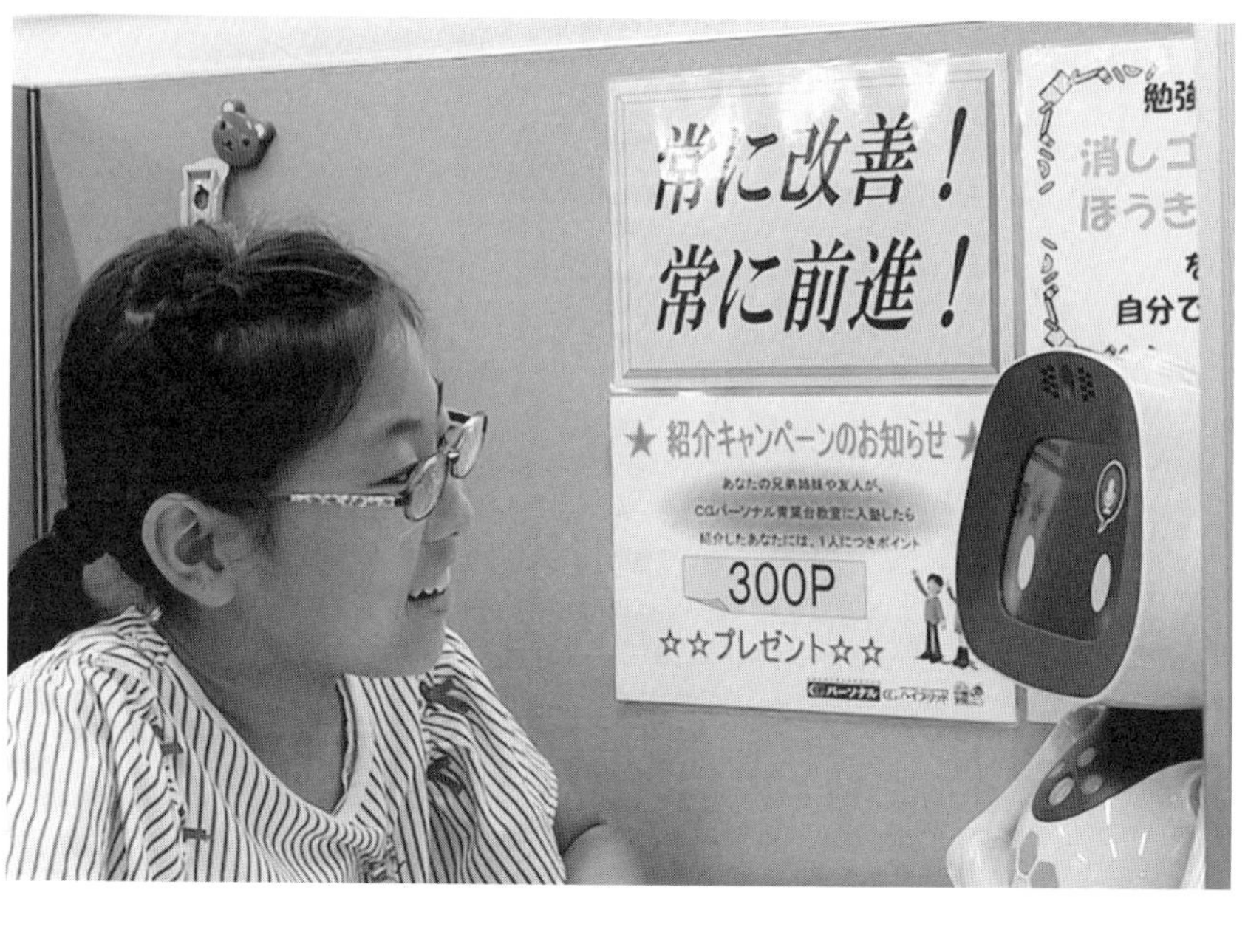

◆タブレットを使った映像授業サービス

一九九〇年代になって、映像授業を中心に据えた教育サービスが登場した。衛星放送を利用した配信のほか、教材をハードディスクにインストールして、ローカルに利用する方法で普及し始めた。映像教材が加速度的に利用されるようになったのは、ADSLを経て高速な光回線が登場してからである。

個人のペースで学習を進められるという点で、映像教材は個別学習指導塾にマッチする。

子供が新しい学習内容を学ぶときに、一から十まで先生から教えられる必要はなく、一〇〇%は難しいとしても、六〇～八〇%くらいはビデオで学習することは十分に可能である。

映像コンテンツが出始めた当初は、塾に来てひたすら映像を見てもらうというスタイルが多かった。最近ではだいぶこなれてきていて、自宅では映像教材を使って予習し、塾でわからないことを教えてもらい、あとで分からないことが出てきたときは、復習用として映像教材を活用するというスタイルがみられるようになった。同時に、学習履歴を管理するシステムも用意され、「映像＋管理システム＋人」をバランスよく使った指導方法で効果を上げている塾もある。

◆AI的な技術を手軽に活用できる時代の到来

最近は、ＡＩという言葉がブームである。書店の棚や、平積みされている雑誌を見ると、ＡＩの文字がたくさん目に飛び込んでくる。あたかもＡＩが実現しているかのように見える。

しかし、人間の脳のすべての仕組みを再現した、本当の意味での人工知能はまだ登場していない。たとえば、ある行動をとるべきかどうかを考えるときには、体調や人間関係、時間や資金、それをやることが自分にとってどんな意味があるのかなど、人であれば普通に考え、悶々としながら決断する。これが良いとは言わないが、心情も含めて判断するのが人間の思考であり、そこから知恵も生まれる。こういったことが、人の脳内でどんな仕組みで行われているのが解明され、その仕組みがプログラミング可能な関数化されれば別だが、そこに至っていない以上、人間のように思考する人工知能の登場はいつになるかわからない。

そうは言っても、まわりを見ると、自動掃除機やエアコン、アシスタントとなるスマートスピーカーなど、「ＡＩ搭載」を謳った製品はたくさん出てきている。これらは、限られた目的に対して、目的に合ったセンサーで周囲の状況を取得し、ビッグデータと照らし合わせ、人間より優れた判断をして、最適な行動がとれるようにしているだけである。結局は、よく考えられたプログラミングの結果として動作しているのである。来る来ないと論争されている、シンギュラリティ（＝技術的特異点）という言葉を使って語られる人間の「知能」をはるかに超えた人工知能とは程遠い。

それでも、人間の飽くなき探求心と、科学の可能性を信じているので、二〇四五年かどうかは別としても、またそれが良いかどうかは別としてもシンギュラリティは起こりえると思っている。そうでなくても、非常に狭い分野で人間よりも優れた判断を

してくれるAI的なものが世の中にあふれたときには、多くのことをAIの判断に従う状況、結果的にシンギュラリティとして危惧されている状況に限りなく近い世の中にはなることは想像できる。

◆ブームとしてのディープラーニング

何らかの問題に対する解決方法について議論していると、「AIを使えば解決できるよね」という発言をする人が多い。何でもできるのがAIだと思っている人が多いということである。

これに拍車をかけているのが、ディープラーニングという言葉である。「ディープ」という言葉が「深い」という意味を持つので、AIが深く考えてくれるかのような印象を持ってしまいやすい。実際には、データの入力層から結果の出力層までの間の処理層が複数の（深い）階層になっている仕組みのことを指し、「深く学習する」ということや、まして「深く考える」ということとは関係がない。また、ディープラーニングの仕組みを利用するには、人間の注釈のついた大量のデータを用意しなければならない。AIがセンサーを通して目の前のものを見て、それが何であるかを判断できるようになるだけでも大変で、さらにそのものの意味まで判断でき、その活用方法まで提示できるようになるまでの道のりは遠い。ディープラーニングは、一つの技術的要素なのである。

現時点でのAIは、何でもできるAIではないので、過度に期待すると失望し、今の第三次人工知能ブームもブームとして去ってしまう可能性がある。しかし「何でもできる万能のしくみ」という過度な期待をせずに、「特定のことを上手くやってくれるしくみ」としてディープラーニングの活用を考えると、それだけでも生活に利便性や快適性を与え、世の中の仕組みにも影響する力を持っている技術である。

◆ディープラーニングの適用分野

ディープラーニングが最初に活用されているのは、画像認識、音声性認識の分野である。

たとえば、世界中から大量のデータを集められるクラウド上のサービスでは、次に注目すべき商品をレコメンドする仕組みとして利用できる。ネットで画像検索や商品検索をしていると、自分の関心がある商品が広告として表示されるような機能である。

医療分野でも、レントゲン画像から人間よりも正確に診断してくれる様子は、テレビでも時々取り上げられている。金融の分野では、信用の調査の結果やネット上の情報から、貸付可能かを判定する仕組みとして利用できる。株取引では、取引のタイミングを自動的に判断してくれる仕組みにディープラーニングが利用できる。自動車では自動運転や運転者を監視し危険運転を防止する仕組みとして実用化が進んでいる。

◆タブレットを使った進化する教育サービス

ディープラーニングの技術を活用しているのは、家電や車などの業界だけではない。

教育業界でも狭義の意味でのAIの活用が始まっている。たとえば、計算式が中心だが、カメラでスキャンさせるだけで、それが何の問題であるかを解読し、正解を提示してくれる仕組みが実現している。最近では、まるで優れた先生がタブレットの裏から学習者を見ているかのように、学習者がつまずいた理由を分析し、その弱点を克服するために何を学習すればよいのかを提示してくれるタブレットによる学習サービスも登場した。個人の理解度やミスの傾向を分析して、次に学習すべき最適な内容を何の苦労もなく、しかもきめ細かく提示してくれるという点では、平均的な講師の対応力を超えている。

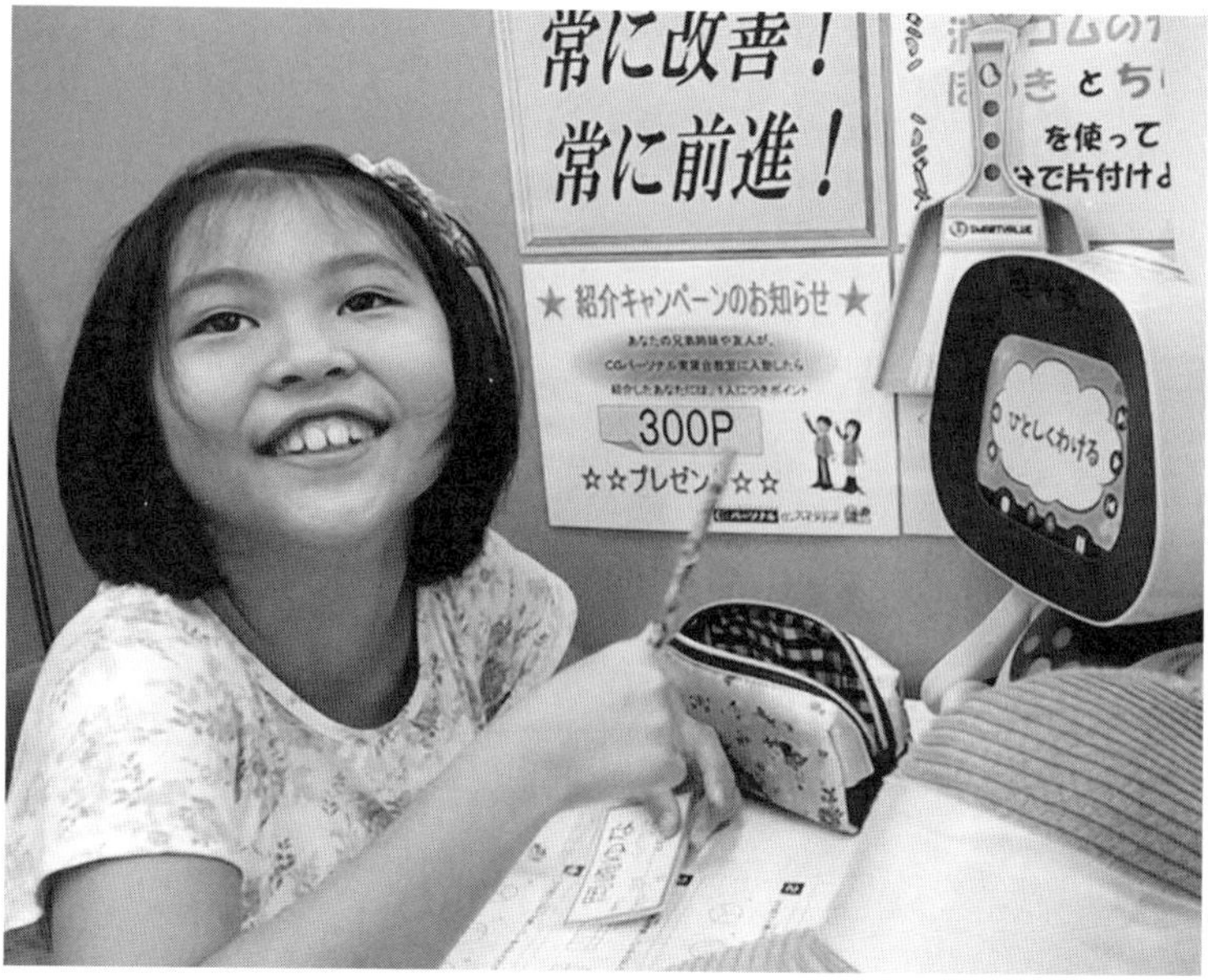

受験勉強を一日十時間やったとしても、まだ不安が残るのは、今やっていることがそれで十分かどうかを判断できないからだ。ＡＩ的な仕組みが、学習状況を分析し「あとこれだけやれば十分」とはっきり言いきってくれるなら、もっとゆとりをもって受験に挑めるかもしれない。

個別指導塾が、「人でなければできないことは人が面倒を見る」という考えをしっかり持って導入するのであれば、最初に述べた「人材不足」の課題は、かなりクリアできそうである。

◆コミュニケーションＡＩロボットの登場

ここ数年の間に、タブレットのような、スマートデバイスとは別に、ＡＩと機械を組み合わせたＡＩロボットが次々と登場している。

真っ先に実用化されているのは、ロボットアームのような産業用ロボットの分野である。カメラを使って対象物を認識し、高速にかつ正確に作業を行い、しかも疲れを知らずに動き続けるロボットは、製品組み立てや部品仕分けなどの産業分野において活躍できる場が多い。産業用ロボットの展示会をのぞいてみると、巨大なものから小型のものまでロボットアーム関連の出展社数の多さに驚くだろう。

産業用ロボットとは別に、期待されているのがコミュニケーション用ロボットである。ロボットにAI的な仕組みを搭載している場合は、コミュニケーションAIロボット呼ばれる。

ソフトバンクのｐｅｐｐｅｒや、シャープのＲｏＢｏＨｏＮ、ユニロボット社のユニボなどが、コミュニケーションAIロボットとして分類できる。

産業用ロボットとは異なり、日常生活に溶け込み、人とコミュニケーションをとりながら、何らかのサービスを提供する。それは、知りたい情報であったり、楽しい会話であったり、何もしないことだったりする。何もしないという表現はおかしいが、ペットのように人になつくことで、癒しを提供してくれるロボットもいる。この技術が成熟したときは、ロボットのペット産業という大きな市場が見えてくる。

◆エモーショナルデザインの教育サービスへの活用

ディープラーニングにより画像認識と音声認識の精度が高まると、カメラとマイクを使って目の前の人の表情と話し方のトーンを分析し、感情認識をすることができるようになる。認識した感情をサービスに反映させることができると、ユーザーの期待を越えた体験を提供することが可能になる。「エモーショナルデザイン」という考え方である。

これを実現するには、音声や表情を感情値として数値化する必要が出てくる。これには、心理学者ロバート・プルチック氏が提示した「感情の輪」が活用できる。感情の輪とは、怒り、恐れ、期待、驚き、喜び、悲しみ、信頼、嫌悪という八つの基本感情をもとに、感情の強さを三層に分けて表したもので、人間の発達段階とも関連付けられる。基本感情とその強さをカメラとマイクを使って認識できれば、感情の輪に当てはめて数値化できるので、これを学習指導に反映させることが可能となる。

◆ロボット先生実現への取り組みのきっかけ

子供に学習内容そのものをわかりやすく提示する仕組みとしてはタブレットで十分であるが、感情認識を行い適切な学習指導までしようとすると、表情があり、会話ができる人型のロボットのほうが向いている。

弊社ソリューションゲートは、創業以来、教育用コンテンツの企画・制作を続けてきたが、二〇一八年から、ロボット先生の実現に向けて取り組み始めた。そのきっかけになったのは、二〇一八年の一一月に大阪のATC（アジア太平洋トレードセンター）で開催された子供向けの「ロボットストリート」への参加であった。ユニロボット社のロボット「ユニボ」を使って、ロボットと会話しながら「分数」の学習をする仕組みを作りイベントに臨んだのだが、子供たちの反応に驚いた。二日間で八〇人近くの子供が参加し、どの子供もユニボに笑顔で語りかけ、ユニボの反応に喜び、約二〇分の学習体験を楽しんでくれた。学習効果も高く、初めてのトライアルにも関わらず八二%のお子さんが用意した問題を解けるようになった。

タブレットとロボットの違いは何か、という質問をよく受けるが、そのたびにイベントでの子供たちの映像や写真を見せて、「タブレットとの学習でこんな笑顔が出るでしょうか?」と答えることにしている。

◆子供から見たロボット先生

いくつかの教室にお願いして、ロボット先生の実証実験を続けている中で、子供のアンケートの中に、面白い表現が見られることに気がついた。「こまかくおしえてくれてわかりやすい」「ユニボ先生に説明してもらって」という表現である。「おしえてくれて」「説明してもらって」の表現からは、子供がロボットを「先生」として見ていたことが読み取れる。タブレットでは表れにくい子供の反応である。

実証実験では、普段は落ち着きがなく学習を継続させることが難しい二人の女の子が、一時間集中している場面も見られた。発達障害のお子さんを持つ保護者の方が自分のお子さんと一緒に参加した例では、一時間集中してやっていたことに驚いたようだった。

小学生くらいまでの子供から見えているロボット先生は、大人とは違った見え方なのかもしれない。ロボット先生による学習のモチベーションを継続させるためには、このことがポイントになりそうである。

◆開発の視点から見たタブレットとの違い

学習サービスの実現を、開発の視点から見ると、タブレットとロボット先生では重きを置くポイントが違ってくる。学習目標を達成できるシステムの実現を開発のゴールだとすると、タブレットの場合にはAIやビッグデータなどを駆使してシステムを設計し開発を進める。これに対して、ロボット先生を開発するとき、まずは人を模倣することを強く意識する。

ここで言う「人」とは、「すぐれた先生」のことを指す。すぐれた先生は、教え方が上手なだけではなく、その子供の性格を日常会話の中からつかみ、その時々の子供の感情を読み取り、適切な声がけができる。その結果、子供との信頼関係が築かれていく。単に問題を解けるようにするのであれば、分かりやすい説明と、理解度の分析から的確な学習内容の提示をすれば良いのでタブレットで十分だが、「すぐれた先生」を実現しようとすると、コミュニケーションしようとする気持ちになれる人型のロボット先生に軍配があがる。

◆近い未来の学習塾

タブレットにしてもロボット先生にしても、進化するテクノロジーを組み合わせれば、今すぐではないにしても、たいていのことが実現できる時代になった。思い描いたことは実現できるという前提で、先を見据えて今の技術と格闘しながら取り組むのがちょうどいい時代だ。その時に大切なのは、実現させたいイメージをきちんと持つということだ。

子供が塾に来た時の様子として私が描いているのは、タブレットに向かって黙々と自学自習している風景とは異なる。

教室に入ると、先生が一人ひとりの子供の相手をしてくれるような塾である。相手をしてくれるのはすぐれた先生を模倣したロボット先生である。現状では、ロボット先生がすぐれた人間の先生の真似を完全にするのは難しい。子供が信頼している先生がかけてくれる「がんばっているね！」『できるようになったじゃない！」のような言葉の力に、ロボットが対抗できるのは、少し先の話である。しかし、すぐれた人の先生が、ロボット先生を片腕のように使う仕組みが用意されれば、指導の質を落とさず一人の先生が十人くらいの子供を相手にすることができる。

世代別人口が減少していく傾向はすぐには変わらないので、冒頭に書いた講師確保の問題は今後も続いていく。この状況が続く限り、ロボット先生が教える学習塾が登場し、それがスタンダードになる日はそう遠くない。その時には、子供のことをよく理解でき、コミュニケーション能力が高く、指導力のある、本当にすぐれた人材が求められるだろう。

Column2

『AIロボットの時代』

かつてパソコンが教育現場に導入された時、あまりの高額に目を回した塾長も多かったはずだ。しかし、今では誰もがノートパソコンやタブレット、そしてスマホで当たり前のように毎日ネットにアクセスして情報を確認している。パソコンやタブレットの無い塾はもうない。

これからはロボット時代である。AIのように反応出来るロボットが日々進化している。このロボットはかつてのパソコンと同じであり、これから必ず普及して教育現場で「学習支援ロボット」として活躍してくれるはずだ。

今後はこのロボットにどんなアプリを入れて何をどう学ぶかが教育現場の最優先課題になるのかもしれない。

Chapter 4

新時代を切り拓くコンテンツ

水王舎（論理エンジン）

論理の力が日本の未来も大きく変えていく

◆「論理エンジン」で、国語の授業に再現性を

「既存の国語教育に対して、私は四〇年前から疑問を抱いていました。教え方が感覚的で明確ではないからです。国語の先生に『どうしたら国語力がつきますか？』と聞くと『本をたくさん読みなさい』『問題をたくさん解きなさい』という答えが返ってきます。これでは日本の芸事と変わりません。琴や三味線などの芸事は師匠に弟子入りして、厳しい修行のもとに会得します。つまり、日本の国語教育は『教えることができないから、自分で修行して会得しなさい』といっているのと同じなのです」

そう語るのは水王舎取締役社長の出口汪（ひろし）氏だ。氏は関西学院大学大学院文学研究科博士課程単位取得退学後、代々木ゼミナールなどの講師を歴任。現代文を論理的に読解する手法を授業に取り入れ、絶大な支持を得る。二〇〇三年には教材開発・出版を目的とした水王舎を設立した。

「数学者の新井紀子先生が著した『AI vs. 教科書が読めない子どもたち』という本の中に中高生のほとんどが教科書の文脈を理解できないと記されています。小一から高三までの一二年間にわたる膨大な国語の授業は実質的に効果を得ていないのです。既存の国語教育には、もう一つ問題点があります。

小学校から高校まで国語の先生が変わるたびに教え方が違ってしまうことです。そこで、私は『論理エンジン』というシステム教材を開発しました。国語の授業に再現性をもたらす、音楽でいえば楽譜のようなものです。『論理エンジン』を使えば、どの先生が教えても生徒の読解力や国語力を伸ばすことができます。講師力も強化できるのです」

「論理エンジン」は二〇〇三年に発行され、現在、二五〇以上の中学校や高校で正式採用されている。

出口汪氏は、広島女学院大学客員教授や基礎力財団評議員も務める他、執筆や講演を行うなど論理力の必要性を声高に説いている。

塾への導入は、その数倍だ。

◆論理は全教科の土台。論理力が学力を伸ばす

「論理力は、脳の言語処理能力でもあります。コンピュータでいえばOSです。OSがなければアプリケーションソフトは動きません。ソフトが重たくなるに従ってOSを強化しないとコンピュータはフリーズします。子供の脳も同じです。学年が上がるに従って学ぶことは増えているのに、論理力を強化

せずにいるとフリーズします。ＯＳである論理力はすべての教科の土台となります。論理力を鍛えることによって、どの教科の学力も伸びていくのです」

出口氏は英語の四技能の習得が論理力より重要視されていることにも警鐘を鳴らす。

「論理力を身につけてから英語を学ばないと、拙い英会話しかできないことになります。自動翻訳機にＡＩが導入されて、ほぼ完璧に同時通訳してくれる今、中身のない英会話をしたところで意味がありません。また、自動翻訳機が進化するほど、それを使う人が間違った日本語を使ったり論理的ではない話し方をしたりすれば、誤訳される危険があります」

出口汪氏の教育の集大成である「論理エンジン」のテキスト。この誕生は「感覚の科目」とされてきた国語学習法の概念を変えた。

◆二歳から論理を学べる「出口式みらい学習教室」

「私が高校生の頃は他に娯楽が少ないこともあり、誰もが本に親しんだものです。一方、今の子供たちは幼い頃から目の前にゲームや漫画、アニメ、ＹｏｕＴｕｂｅがあります。本を読んだとしてもライトノベルです。文章も絵文字やスタンプで済ませます。ましてや日本には説明しなくても相手が察してくれるという文化があります。つまり、今の日本には子供たちが論理的な読解力を身につける環境がほとんどないのです。子供たちをきちんと教育しないと、これからの日本は立ち行きません」

そこで出口氏は小学校低学年から論理を学べる「論理エンジンキッズ」を二〇一八年に完成させた。さらに二歳から十二歳までを対象にした「出口式みらい学習教室」を二〇一九年に立ち上げてライセンスパートナーを募集。開業を支援している。

「人間は、ほぼ六歳で大人の脳の約八〇%ができあがり、十二歳で大人なみの脳に発達するといわれています。私がかつて予備校で教えていたのは、大学受験生でした。つまり完成された脳に向けて教育をしていたのです。ほとんどの子供は学校や塾で詰め込み教育をされて、自分の頭で考えません。教えられたことを機械的に暗記したり計算したりする脳となっているわけです。その脳に考えることを求めれば、拒絶反応を起こしてしまいます。そこで私は幼児にまでさかのぼって論理を教えることが必要だと確信し、幼児用の論理ドリルを開発して『出口式みらい学習教室』をつくったのです」

水王舎は、出口汪氏の著書など数多くの出版物を手掛け、教育に大きく貢献している。

「出口式みらい学習教室」では、オリジナル教材を使って、自ら課題を発見して解決する力や、AIを駆使して創造的な仕事をこなせる力を育んでいる。小学二・三年生までは保護者もいっしょに授業を受けられることも特色だ。子どもの成長を目の当たりにできるとともに、保護者も論理を学べるのである。

◆「出口式【国語】音声講座」を全国展開

出口氏が次に挑戦するのは、学習塾業界に向けた革新的な「教育ビジネス」である。「出口式【国語】音声講座」を二〇一九年から始動させたのだ。

「『論理エンジン』を開発した目的は、学校や塾の先生の教え方を変えることでした。しかし『論理エンジン』を導入しても成果が出ないケースもあります。先生がうまく使いこなせないことが理由のひとつです。塾の場合、教えるのは大学生のアルバイトが多いため、なおさらその傾向が見られます。そこで、私の講義をすべて録音したライブラリーを配信して、小学四年生から大学受験生までが塾で学べるようにしました。多くの塾の経営をサポートし、ビジネスとして成功してほしいという願いを込めてこれを『教育ビジネス』と呼んでいます」

このセミナーの教材は動画ではなく、音声と紙のテキストだ。そこに大きな特色がある。

「動画で講師の顔を見ても学習効果はありません。それよりも、イヤホンで音声講義を聴きながらテキストの文章に集中してメモを取るスタイルこそ、シンプルで最強の国語の勉強術といえるのです。

読解力は初見の文章を自分の頭で読む訓練を日々重ねていかないと身につきません。しかし、先に述べたように多くの子供たちは先生のいうことを鵜呑みにしてきました。教えられてきたことを中間期末の定期試験で答えてきただけなのです。そのため、新井紀子先生がいわれるように今の子供たちは教科書を読めなくなっています。ですから、現代文の問題を解いた後に、解説集を読んでも理解できずに途中で挫折してしまうのです。しかし『出口式【国語】音声講座』なら、まず問題を自力で解いた後、テキストを手元に置いて私の音声講義を聴くことができます。聴いて理解できたら、もう一度、解説集をじっくりと読み、今度は解説を説明できるように活字で整理します。こうしてテキスト一冊を最後までこなすことができ、確実に力がつくのです」

◆学習塾に大きな効果と収益をもたらす革新的提案

「出口式【国語】音声講座」には数多くの講座が用意されている。たとえば高校生なら「出口のシステム現代文」「出口の現代文新レベル別問題集」などの講座が五〇もある。一回あたりの収録時間は六〇分だ。これら五〇講座をテキスト一〇冊で学ぶのである。

「生徒は自宅で私の音声講義を聴いて学びます。塾では講師が、生徒がきちんと理解できているかどうか確認します。講師が教室に一人いれば生徒からの質問にも十分に対応できるはずです。他学年混合にして一つの教室で学ばせることもできます。

講義は音声のため容量が軽く、ネット環境を整える必要もありません。しかも、生徒がすでに持っているスマートフォンやタブレットで聴くことができます。つまり、初期投資がゼロで済むのです」

多くの生徒たちに感動を与えてきた出口汪氏の講義。「出口式【国語】音声講座」なら、その講義をいつでもどこでもスマートフォンで聴くことができる。

月額は生徒一人あたり三千円で、全講座聴き放題だ。塾としての月謝は三千円を割らない金額であれば、いくらで設定してもかまわない。塾は生徒の月謝の五〇%を控除した金額を支払えばよく、残りが純利益となる。最小の手間と経費で、大きな収益が望めるのだ。

「生徒の読解力や国語力を伸ばすことができれば、他の教科の成績も向上します。記述式問題や、推薦入試・AO入試の小論文や集団討論にも強くなって合格実績も高まります。講師力も磨かれるでしょう。そうなれば、塾の評判は高まり、多くの生徒を集めることができます」

「出口式【国語】音声講座」は導入するだけで、学習塾に利益をもたらす革新的な提案なのだ。

最後に出口氏は水王舎が求める人物像について次のように語った。

「本が好きで教育や出版に夢を抱ける方、柔軟な思考力を持った方、ネットに強い方。そんな方々とともに日本の教育をさらに変えていきたいと思います」

株式会社 千学館

シリウス事業部【京大個別会SOROBAN塾ピコ（通称　PICOそろばん）】
京大個別会事業部【インターネット予備校　京大個別会（通称　個別会）】

◆フランチャイズ本部ではない?!

PICOそろばんの前身は、インターネット予備校の京大個別会。二〇〇三年より現役京都大学生講師のネット派遣と高校部の立ち上げ支援を行っている。

「PICOそろばんの本部＝株式会社千学館のシリウス事業部は、そろばん教室のフランチャイズ本部ではありません」と語るのは孝橋一代表。

「PICOそろばんというビジネスモデルを活用して学習塾等の企業カルチャー（体質）の改善を行いたい……という仲間が集まった『会員組織』の本部業務を行っています。したがって、フランチャイズのように絶対的な仕様の看板やシステムの強要・生徒や授業料の管理等は一切行っておりません。月会費も生徒数にかかわらず一定です。教室数が増えると減額にもなります。そして、会員になるといくつかの特典があります」

その「特典」とは、次の十項目である。

1　テリトリーの確保
2　そろばん教材・グッズの開発・販売
3　そろばん・暗算テストの処理・合格証の発行
4　そろばん講師研修（何名でも何回受講しても無料）

5　そろばん教室開校支援・指導マニュアル・入会案内書サンプルの提供
6　PICOロゴマーク・ゆるキャラ・動画の提供
7　チラシ案の提供
8　シリウス事業部が開発した「そろばん入門用アプリ（通称　ぷちくく）」「PICO式暗算ABC（通称　ピコあん）アプリ」の提供
9　会員向けニュースレター・保護者向けPICO通信の提供
10　会員の仲間同士で研究・実験・実証したことの情報提供（通称　PICOラボ）

京大個別会PICOそろばん

◆短期間に「PICOそろばん」が広まった理由とは？

元々孝橋代表は教育業界の人ではない。一九八五年に大学を卒業し、大手コンサルティング会社に八年間勤務し、様々な企業の組織変革や人財開発の企画営業に取り組んだ。その後、会計事務所所属の人事コンサルティングを経て、一九九六年に大手学習塾の役員となり、講師・教室長・ブロック長・本部長を経験したあと独立、二〇〇三年に「京大個別会」を主宰し、二〇〇七年八月から「PICOそろばん」の展開をスタートさせた。

「上質な京大生のデータを集めた時、とんでもない結果が出たのです」と孝橋代表は当時を思い出し顔を輝かせて語る。

「京大生の九九％がやっていた習い事はピアノでしたが、五〇％がやっていた習い事はそろばんだったのです。つまり、第一位ピアノ、第二位そろばん、そして第三位水泳という結果で、なんと公文も英会話も少数でした……（しかも、全員そろばんは有段者ではなく2級合格まで?)そろばんと難関大学合格には相関関係があるのではないか? そんな事を考えながら、全国のそろばん教室を訪ねたら、そろばんが子供のIQを高めることに役立つという事を知ったのです」

こうして、そろばん教室を開校して、最初のチラシで入塾希望者が二〇人説明会に来て入塾し、その後三カ月で五〇人になり、すぐに二号店の準備をはじめたが、それから試行錯誤の連続となった。

「有段者のベテラン講師を採用して指導してもらいましたが独立されて、その失敗から採用基準と教育方法を作り直しました。素晴らしい指導者との出会いもあり、講師採用システム・広告宣伝システム・教務指導システム・検定実施システムなどを作り、本格展開の土台を固めることが出来ました」

そして、「京大個別会」の登録塾から「PICOそろばん」を是非開校したいという要望があり、そこでそろばん・英会話・英検・無学年方式の小学生講座を立ちあげて充実させていくことができた。その生徒たちはその後塾に残り、優秀な中学生となったので、少子化時代に小学校低学年から生徒を確保するのに、習い事のそろばんが有効であることに孝橋代表は気付いたのだった。

「そろばんは子どもたちの受験に役立つ計算脳をつくるのに大変役立つことがわかりました。また市場ニーズと再現性の高さから自信をもって塾に勧めることが出来ました。私は、PICOそろばんは、優秀な小学生の親御さんと学習塾をつなぐ架け橋になると考えています。さらに、PICOそろばんの導入事例を研究する中で学習塾の企業体質改善の有効な手段になる! と確信したのです」(孝橋代表)

◆「PICOそろばんの真田丸戦略とは?!」

そろばんと真田幸村……どんな関係性があるのだろうか?

「ほとんどの塾はINの発想しかありませんが、それで勝てるでしょうか? 中学部に高校部をIN、習い事をIN、英検をIN、学童をIN……INにINを繰り返せば、業務の煩雑化は避けられませんし現場も混乱します。ここに新たな哲学が必要だと私は考えます。まずＰＩＣＯそろばんで学習塾（本丸）の周りにＯＵＴ＝展開（真田丸＝出城）をつくる……、各地域で学習塾の周辺に二五〇名から六〇〇名のＰＩＣＯ生が誕生しています。ＰＩＣＯ生を集めてから国語（論理エンジン）、英語（ピコのえいご、英検講座やネット英会話）などをＩＮしながら塾城下町を構築する。最初からＩＮばかり狙う思考次元ではなく、ＯＵＴからＩＮの発想が必要です」

この他にも、孝橋代表が考える画期的な発想の五つのマーケティング戦略やピコの定理Ⅰ～Ⅷがあるのだが、それは「仲間」になってからのようだ。

◆「ＰＩＣＯあんタブレットの意外性とは？」

二〇一八年、シリウス事業部では、フラッシュを超える次世代型タブレット暗算プログラム『ピコ式暗算ＡＢＣ（通称ピコあんタブレット）』を開発した。子どもたちが取り組み易いタブレットで楽しく学習できて、計算力に強い脳を鍛えていくことができる。

「タブレットの導入で、そろばんが消えることはありません。そろばんの練習で頑張った子どもたちにタブレットを使ってもらい、暗算ってこんなに楽しく出来るんだ、タブレットってこんなに便利なものなんだと……デジタル時代には欠かせないツールを使うことで、右脳開発だけでなく新しい時代に馴染んだ学びを体験してもらうのです」

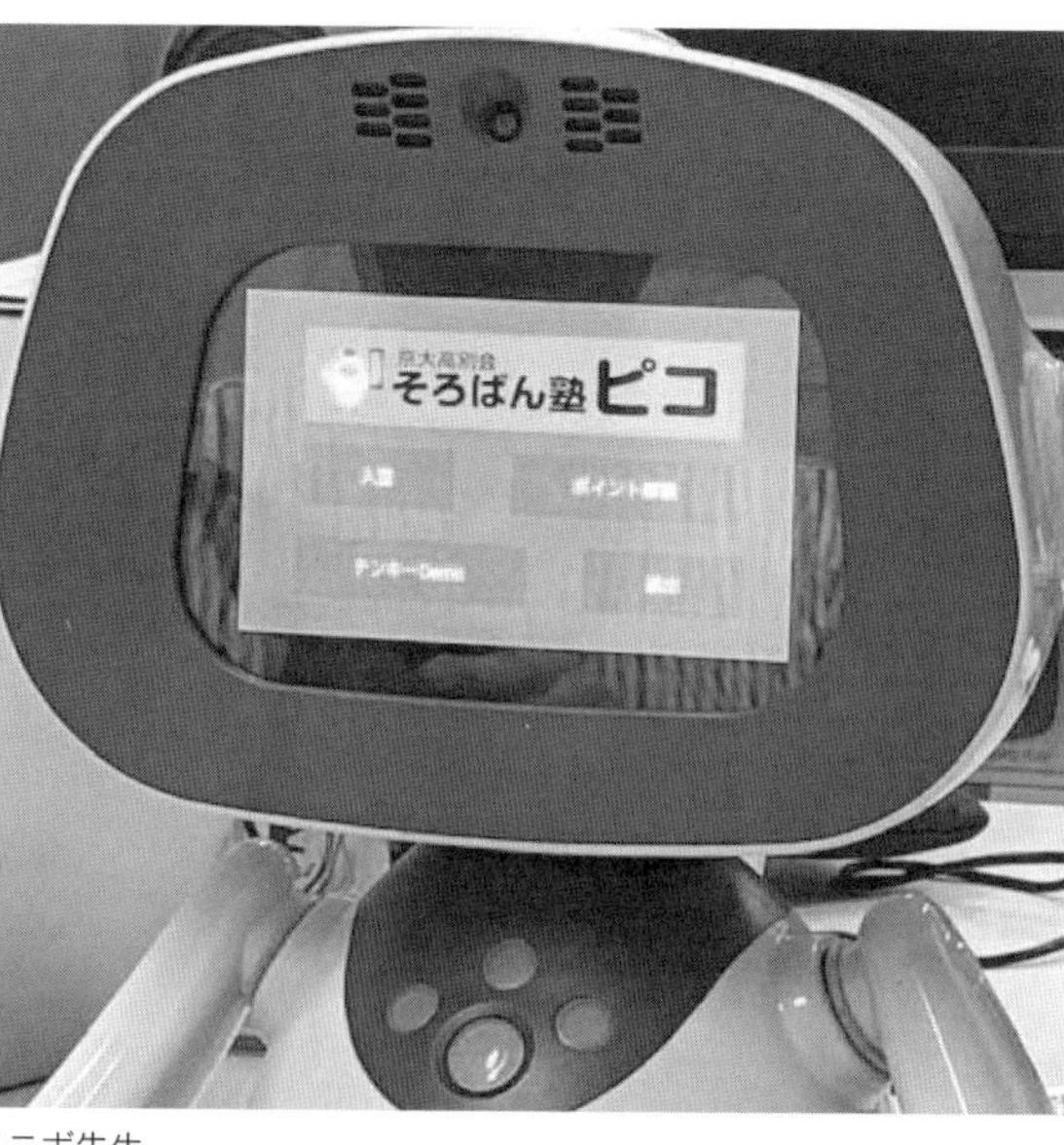

ユニボ先生

全国各地のイベントで、タブレットを体験した子どもたちは短時間のうちに成果を出し、それを見ていた保護者たちを驚かせたという。また、それまで計算が苦手だと思っていた子どもが、意外にもタブレットを使うことで、潜在的な計算力の高さを引き出すことも出来たという。

◆「PICOロボットの拓く未来の学び」

「PICO本部では現在、そろばん教務力アップのための『PICOロボット』を開発中です」と孝橋代表は語る。

孝橋代表近影

「全国の塾が現在最も悩ましいと思っているのは人材不足です。ですから、人材不足と教務力向上を両立させるロボットが有効であると考えました。これまでロボットは人間と同じように動きまわったり、工場のラインで一定の作業をこなすのに役立ったりしましたが、私たちが開発しているのは、卓上型の学習支援ロボットで、その中にそろばんの技や算数、そして英語のコンテンツやアプリを入れて、教育現場で活用してもらうのです。もちろん入退室メールや生徒の成績管理なども行うことができます。ロボットは人間の仕事を奪うと言われていますが、人間にはまだまだやらなければならない仕事があり、人間とロボットのコラボでこれからの塾の教室運営はなされていくと思います」

Ｇｏｏｇｌｅ社が車の自動運転のＡＩ開発のために、囲碁ＡＩプログラムを開発したら、プロのトップ棋士の実力を超えてしまったという事実もあり、ＡＩロボットは今後いろんな可能性が期待できる。子どもたちが将来社会で活躍するためにも、ＡＩロボットを活用した新しい学びを体験することで、どんな勉強をすれば自分の目標に近づくことが出来るのかがわかるのだという。

「ロボット開発には多額の資金が必要ですが、イベント等でロボット体験をした子どもたちの反応はとても良く、予想を超えた体験者と評価をいただきました。次世代の学びにはロボットが欠かせないと確信しています」

◆株式会社千学館 孝橋一代表の語るPICOそろばん

PICOそろばんの現状の課題と今後の方向性について、孝橋代表は次のように語る。

「そろばんという習い事によって、学習塾に吹く『風』が変わりました。現在全国に七〇〇教室近くの『PICOそろばん』の教室がありますが、中小個人塾だけでなく、大手塾の野田塾や練成会グループでも採用していただいています。どんな塾でもシステムは同じであり、不公平は全くありません。皆さんが期待しているのは、まず幼児から中学生まで無学年で通えるPICOそろばんで生徒集客の裾野を広げることです。また、総資本回転率を上げること（塾の教室の有効活用）です。空き時間に習い事で収益性を高めて地代家賃や人件費を支払えば、利益率の回復につながります。そうすれば、無理のない塾運営も可能になるのです。

これからPICOそろばんは進化と深化を進めていきます。進化はロボットで、深化はコラボで……。つまり、ロボットはかつてのパソコンと同じであり、これからどんな教育現場にも必要なものとなり、そこにどんなアプリやコンテンツを入れて活用するかが課題となります。また、そろばんからスタートしましたが、英語のMyETや国語の論理エンジンなどとのコラボにより、英検対策のできるPICO、国語も強いPICO、中学受験に必要な算数力を高められるPICOという方向性も出来ました」

進化と深化を繰り返す、PICOそろばんは、これから生き残ろうとする塾の活性化だけでなく、自らも新しい学びの構築を着実に実現していくに違いない。

エムプランニング情報システム

システム化により業務の効率化を実現することで、本来の仕事に集中出来るようにする

◆顧客とともに改善していくシステム

エムプランニング情報システム（以下エムプラ）は、塾・教育に関するシステム、ソフトウェアの開発並びに販売を主体とする会社だ。創設以来、北は北海道から南は沖縄まで、全国の塾をはじめ各種教育機関で、現場の声を集約しながらシステムを構築してきた。より良いものを一方的に作るのではなく、あくまでも顧客のあらゆる声を拾い、かつ現場からの改善点を吸い上げて、顧客とともに成長してきた会社である。

「弊社システムは、それぞれの顧客の皆様に合わせたカスタマイズが可能ですが、一番の特長は、顧客の皆様の要望や改善点を吸い上げて、顧客の皆様とともに成長していくことが出来るシステムとなっています。

もちろん初期データの入力やサポートは弊社がすべて行います。多くの方に使っていただいていることで、格安で、簡単操作と万全のサポート体制で、納品後すぐに活用していただけるシステムなのです」

こう語るのは、同社のプロジェクトマネージャーの南成美（みなみなるみ）氏だ。

「弊社の場合、高度（高性能）なクラウドサーバで

の運用管理（大規模で安全なデータセンター）・暗号化通信によるセキュリティで個人情報の保護も万全です。また、ＡＳＰサービス（インターネットを通じビジネスアプリケーションを提供するサービス）で万全のサポート体制となっています」

つまり、インターネットの環境さえあれば、いつでもどこでも情報を見たり、操作が行えたりするのだ。格安で簡単操作のシステムなので、すべてを自分で行っている個人塾でも使い勝手が良く、塾であっても家庭であっても、そして外出先であっても、ネット環境さえあればスマホなどで操作が可能なのである。まさに「一番欲しかったデジタルの味方」と言える。

エムプランニング情報システムは「塾を知るシステム」。

◆無駄なく役立つからこその「Ｅ－システム」

同社の主要商品の一つが「Ｅ－システム」だ。入退室メールや一斉メール、そして塾からの発信ができる情報ＢＯＸと塾と生徒のコミュニケーション機能まで幅広い用途に使えて、それでいて格安の価格を実現している。

「基本的なシステムで活用の用途も広いＥ－システムですが、生徒だけでなく指導者の個人情報も管理できるので、導入塾様にはご好評いただいています。マイページにログインすれば、生徒さんの出欠管理を閲覧できますし、一斉メールでは未開封のご家庭を確認して電話連絡することも出来て便利です。また、オンラインコミュニケーションツールとして活用すれば、教育相談も可能です。先生対生徒、先生対保護者のやりとりはそれぞれ非公開で可能であり、また指導者間だけの連絡も出来るので、生徒情報の共有など便利です」

安くて質が劣るものは沢山あるが、エムプラのシステムは、「格安で質が高く」簡単に操作出来るので、顧客からの信頼性も高いのだ。

◆Ｅｘ－Ｇｒｏｗ塾運用管理システム

もう一つの主力商品である「Ｅｘ－Ｇｒｏｗ塾運用管理システム」の特色は、塾の運営でおよそ考えられる「ありとあらゆる管理が一元的に可能」であること。「Ｅ－システム」と同様、高度（高性能）なクラウドサーバでの運用管理（大規模で安全なデータセンター）・暗号化通信によるセキュリティで個人情報の保護も万全である。もちろん、ＡＳＰサービスで万全のサポート体制、インターネット環境さえあればいつでもどこでも簡単に情報の閲覧や操作が可能であることも同じ。

「たくさんあり過ぎて言っている私が覚えきれないほどですが……生徒情報管理・指導者情報管理・授業スケジュール管理・講習会スケジュール管理・各種帳票出力・請求入金管理・成績管理・コミュニケーション記録機能・情報ＢＯＸ（掲示板）・一斉メール・入退室管理と入退室メール機能・生徒証ＱＲコード・マイページスマートフォン表示対応・指導報告書・入塾見込み管理・ログイン権限階層化・学習進捗管理・広告分析・教室内業務スケジュール管理・機能開発オーダーメイド対応可能などがありますが、導入される塾様の運営に必要な項目を伺って、あらかじめ弊社にて設定させていただきます。そうすれば、必要情報を追加入力するだけで簡単に活用することが出来ます。運用開始前に無料の研修を数時間受けていただき、あとはＷＥＢマニュアルをご利用いただけます」（南氏）

このシステムを使うことで、塾の運営状況をリアルタイムで把握するだけでなく、経営状態を一元管理することが出来るので、人材不足に悩んでいたり、経理が苦手な塾長には、極めて有り難いものといえる。

「システムを導入しても売上は上がらないとよく言われますが、データの一元管理や自動で入出金を管理出来ることで、かなりの時間と経費の節約が可能です。また、効率化した分、生徒や保護者への対応が充実するので、塾様にとって大きなメリットになります。生徒や講師のマイページも充実しており、個々のスケジュール表や入退室の履歴・イベント（行事）予定の発信・請求明細や成績の閲覧も出来るので、膨大な紙の節約とスペースの有効活用にもつながります」（南氏）

高品質なシステムをすぐに使うことが出来る。

システムの導入により、時間と経費の節約だけでなく、膨大な書類の節約が出来てスペースを有効活用できる。大手塾であれば、テストやテキストを保管しておく倉庫が必要であり、管理費や輸送費、運び出す人件費も必要になるが、それらを一気に減らすことも可能なのだ。システムを有効に使えば、それはまさに「魔法のランプ」のように、明るい未来を照らすものとなる。

◆あくまでも顧客の立場で考える

エムプラでは、導入時の研修、導入後のアフターフォローが充実しているので、導入塾も安心して利用することができる。

「一人の人間だと睡眠時間が必要なので七〜八時間は隙間が出来ますが、私たちは交代で一年三六五日、二四時間体制でスピーディに対応させていただいています。何か些細なことでも困ったことや質問を直接サポート担当スタッフに問い合わせてもらうことが出来ます」

特に質問が無くても、同社から定期的な連絡があり、いわゆるメンテナンスについては全く心配が要らない。また、本格稼働までに運用の可否を判断する余裕もあるので、自分の塾にふさわしい使い方を探ることも出来る。

「まずは資料を請求していただいたり、電話で問い合わせしていただければ、専門部署のスタッフが丁寧に対応させていただきます。ぜひ効率的な管理に役立てていただきたいと思います」(南氏)

◆画期的!!　スマートフォンアプリ

同社最新の商品に「スマートフォンアプリ」がある。ネット環境の拡大とアプリ活用の増加に伴い、セキュリティの問題が各所で噴出しているが、このアプリを活用することで、セキュリティをクリアするのはもちろん、タイムリーな情報提供とログインの手間軽減を果たしている。

「各キャリア・ドメインのセキュリティが日々変化をみせている今日、メールが届く確率が日々低下しています。セキュリティ情報は非公開であるためメール配信業者の対応策は皆無の状態です。直面しているこうした課題を根本から解決するのが弊社のスマートフォンアプリです」(南氏)

これにより、メールが届きにくい状況をクリアしつつ、セキュリティの向上を果たすことができるのだ。このように、同社の商品は微に入り細に入り、顧客が必要とするものを商品化して、より良いシステム環境作りに役立っている。

◆二〇二〇年のさらなる進化とは?!

エムプラでは、現在近日中のリリースに向け、予約機能・連絡帳と進捗管理機能を開発中だ。この二つの機能は、多数の顧客要望を聞き取り、その要望を実現するために進めている。

○日常的にとても便利な「予約機能」

イベント・面談など今まで電話・手紙などでやり

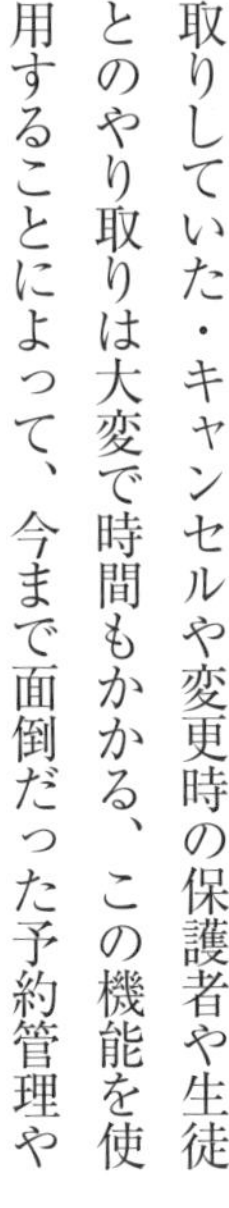

取りしていた・キャンセルや変更時の保護者や生徒とのやり取りは大変で時間もかかる、この機能を使用することによって、今まで面倒だった予約管理や顧客管理など一元的に管理できるようになり、大幅に業務を減らせ、効率化に繋がる。

スマホ対応が当たり前の時代に……。

○顧客満足度を確実に高める「連絡帳・進捗管理機能」

保護者が塾に対する不満の第一位が保護者と塾間のコミュニケーション不足。

子供を塾に預けてしまえば、そこから先の状況というのは、保護者の目の届かないところ。塾での勉強内容・進捗状況などできる限り知ってもらう必要があり、保護者の安心感・満足度に繋がる。

どこまで授業が進んだのか、次回の授業はどこからなのか、理解度はどれくらいか等々、毎回の授業管理を把握し、今後の計画を立てるのは大変な業務だが、非常に大事な業務となる。生徒の現状分析ができ、講師の引継ぎがある場合もスムーズに行え、一貫性ある授業ができ、生徒への確認事項や保護者への授業の様子など正確な情報を伝えることができる。

予約機能と連絡帳・進捗管理は、業務の効率化と保護者の満足度アップになくてはならない機能である。

Column3

『管理システム』

理工学部の学生が家庭教師から塾を開き、生徒管理のシステムも開発し、タブレットなどを使い入退室管理と同時に生徒の成績や学習管理も行う時代。塾に来て生徒が自分のIDカードをかざすと自動的に前回までの学習内容が指導する講師のタブレットに表示される。

「前回はこの単元でつまずいたから、今日はまずこれを復習してから次の単元に入ろう」

講師は瞬時にその日の学習内容を生徒と確認し合うことが出来る。システムが無い時代は手作業で同じ事が行われてきたが、システムが塾に合わせてカスタマイズされるので、その塾の生徒の学習スタイルに合わせて効率的な管理が行われる。

塾への問い合わせから教育相談・体験学習を経て入塾までを管理出来るシステムもあり、こうしたものが無ければ人材不足の中、塾は適正価格で運営することが出来なくなる。とても有り難いツールなのだ。

しかし、あえて黒板とチョークを使う塾があったり、大きな白板を個別指導に使う塾があったりする。

「指導の情熱は機械化できない」からなのかもしれない……。

Chapter 5

特集
大学入試改革の現状と方向性

黒木康孝

公立中高一貫校対策の拡大

公立中高一貫校に生徒を送り出す学習塾が、教育に果たす役割がさらに大きくなる

◆将来のリーダーとなり得る人材を育成

「六年間の一貫教育の中で、社会の様々な場面、分野において人々の信頼を得て、将来のリーダーとなり得る人材を育成することを目的とする学校」。公立中高一貫校（以下、公立一貫校）について、東京都教育委員会のホームページには、このように記載されている。日本の中高一貫教育の歴史は古く、明治時代の官立や私立の旧制中等教育学校にまで遡ることができる。戦後は国立や私立の中高一貫校が六年一貫教育を行ってきたが、一九九八年に学校教育法の一部改正により、公立一貫校が全国に誕生することになった。その嚆矢となったのは、二〇〇三年に創立された埼玉県立伊奈学園中学校だ。伊奈学園総合高等学校に併設された中高一貫校としてスタートした。東京では二〇〇五年に都立白鷗高等学校附属中学校が創立され、その後、公立一貫校が次々に生まれていくことになった。

公立一貫校には三つのタイプがある。「連携型」「併設型」「中等教育学校」だ。

「連携型」は、市町村の中学校と都道府県の高校が連携して中高一貫教育を行うものだ。中学の入学者選抜はない。中学校から高校に進学するには簡単な試験がある。公立一貫校の半分以上がこの「連携型」

さいたま市立大宮国際中等教育学校。国際的に評価の高いディプロマ・プログラムの導入が検討されている。

だ。首都圏以外の公立一貫校に多い。

「併設型」は、すでに存在している公立高校に中学校を併設して中高一貫教育を行うものである。中学の入学者選抜はあるが、高校に進学するための選抜はない。高校募集を行うため、高校から生徒が新たに入学してくる。先に紹介した伊那学園中学校や白鷗高等学校附属中学校がこの「併設型」だ。

「中等教育学校」は、中学校にあたる前期課程、そして高校にあたる後期過程に分かれた六年制の学校だ。前期過程に進学するには選抜があるが、後期過程には選抜なしで進むことができる。「併設型」と違って高校からの募集はない。

◆都立の公立一貫校五校が完全中高一貫化

中高一貫教育の大きな特色のひとつは先取り学習にある。五年間で教科書の内容を終わらせるため、生徒は最後の一年間を大学入試に特化した演習などにあてることができるからだ。そのため、国公立大学や早慶などの進学実績は高い。しかし、私立の中高一貫校では学費がかかる。そこで中高一貫校に子どもを進学させることに逡巡していた家庭にとって、中学校の学費が無料である公立一貫校は大きな魅力だったのだ。また、「併設型」や「中等教育学校」の選抜方法は適性検査型入試と小学校の報告書による。小学校四年生から受験勉強を始めなければ間に合わないとされる私立の中高一貫校と比べると、受検の準備に余裕があることも人気を高めた。

二〇一九年四月にはさいたま市立大宮国際中等教育学校が開校。市立浦和高等学校に続く、埼玉で三校目の公立一貫校となった。初年度は一六〇名の生徒募集に対して一〇〇〇名を超える応募者が集まったという。同校の教育目標は「Ｇｒｉｔ（やりぬく力）」「Ｇｒｏｗｔｈ（成長し続ける力）」「Ｇｌｏｂａｌ（世界に視野を広げる力）」の三つのＧを、六年間を通してバランスよく身につけることだ。一人につき一台のタブレットを貸与し、アクティブ・ラーニング型の授業を実践。四年次にはアメリカでフィールドワークをしたり、現地の生徒と交流したりする。

他にも同年四月には大阪府に市立水都国際中学校・高等学校が開校した。これは全国初の公設民営による併設型の中高一貫校である。また、広島県には県立広島叡智学園中学校・高等学校が、福島県には県立ふたば未来学園中学校・高等学校が誕生した。現在、首都圏にある公立一貫校は二二校。内訳は東京一一校・埼玉三校・千葉三校・神奈川五校だ。

東京都立の公立一貫校一〇校のうち、併設型の五校が二〇二二年までに高校の募集を停止して完全中高一貫化されることになった。中学募集を拡大するためだ。武蔵高等学校附属中学校（武蔵野市）、富士高等学校附属中学校（中野区）が二〇二一年度入学生から、両国高等学校附属中学校（墨田区）と大泉学園高等学校附属中学校（練馬区）が二〇二二年度入学生から高校募集を停止する予定だ。白鷗高等学校附属中学校はどちらかの年度に募集を停止するという。これらの学校の募集定員はそれぞれ四〇名。中学募集の拡大により、多くの小学生が受検することが予想される。千代田区立の九段中等教育学校と合わせ、都内の公立一貫校の人気は高まるだろう。

併設型の公立一貫校の完全中高一貫化の背景には「高校から入る生徒が先取り教育に追いつかない」などの理由がある。それ以上に大学入試改革に求められる思考力・判断力・表現力や主体性・協働性を育成するための最先端の教育に六年間をかけて取り組みたいという学校の意向もあるに違いない。三年間では足りないのだ。

◆二人に一人が国公立大学に現役合格

都立の公立一貫校で最も人気が高いのは、小石川中等教育学校（文京区）だ。二〇一八年度の倍率は六・七〇倍。両国高等学校附属中学校、武蔵高等学校附属中学校とともに「都立中御三家」と呼ばれている。その歴史は古く一九一八年に東京府立第五中学校として創立された。二〇〇六年に中高一貫校化。同年に文部科学省からＳＳＨ（スーパーサイエンスハイスクール）の指定を受ける。二〇一一年には高等学校を閉校し、中等教育学校に完全移行した。

同校の最大の特色は、生徒全員が六年間を通して課題探究型学習「小石川フィロソフィー」に取り組むことだ。一・二年で課題研究の基礎的スキルを学び、三・四年でプレ課題研究に打ち込む。五年で課題研究を深め、六年で各自の課題研究のまとめを行う。この学習を通して「課題発見能力」「継続的実践力」「創造的思考力」を育成することが目標だ。他にも第一線の学術研究者による講演会「小石川セミナー」や、ＳＳＨとしての「高度な理数系カリキュラム」などが用意されている。

「小石川教養主義」「理数教育」「国際理解教育」を三つの柱とする小石川中等教育学校。

こうした最先端の教育の成果は、同校の進学実績にも現れている。二〇一九年度の国公立大学現役合格者は七四名。浪人を合わせると九二名だ。東京大学には一五名が、京都大学には七名がそれぞれ現役で合格を果たしている。なお、これは同校の第八期生一五六人の実績だ。卒業生の二人に一人が国公立大学に合格していることになる。

他の都立の中高一貫校も東大合格者は多い。前述の白鷗高等学校附属中学校は、第一期生の中から東大合格者を五名も輩出する快挙を成し遂げた。

公立一貫校は今後、増えていくと思われる。茨城県は二〇一九年二月、公立一貫校を二〇二二年度までに一〇校増設すると発表した。二〇二〇年度には竜ヶ崎第一高等学校を始めとする五校が併設型の公立一貫校を開校。翌年には水戸第一高等学校や土浦第一高等学校といった県内屈指の進学校が中学校を併設するのだ。公立一貫校に多くの生徒を送り出す学習塾が日本の教育に果たす役割もさらに拡大していくだろう。

大学入試改革の現状と方向性

予測の困難な時代の中で、新たな価値を創造するために

◆内閣府が「ソサイエティ5・0」を提唱

日本は二〇二〇年の東京オリンピックを境に大きく変わろうとしている。一九六四年の東京オリンピックの後には高度成長が始まったが、二〇二〇年のそれの後には第四次産業革命が始まるのだ。これはIoT（Internet of Things）やAI（人工知能）を用いることで起こる産業革命である。あわせて社会のグローバル化もさらに進むだろう。今の小中高生が社会人になる頃には、世の中は激変しているはずだ。そこで戦後最大といわれている教育改革が二〇二〇年から始動する。予測の困難な時代の中で新たな価値を創造するために、日本の教育が自ら考え、判断し、表現できることを重視する時代に突入していくのだ。その文脈上にあるのが大学入試改革である。その概略について述べる前に、今の時代背景を見ていきたい。

内閣府は日本が目指すべき未来社会の姿として「ソサイエティ5・0」を二〇一八年六月に提唱した。「ソサイエティ」の「1・0」は狩猟社会、「2・0」は工業社会、「4・0」は情報化社会である。これらに続く「5・0」は超スマート社会だ。サイバー空間（仮想空間）とフィジカル空間（現実空間）を高度に融合させたシステムにより、経済発展と社会的

課題の解決を両立する人間中心の新しい社会なのだ。そこではＩｏＴですべての人とモノがつながり、様々な知識や情報が共有されるという。

内閣府のＷｅｂサイトには「ソサイエティ５・０」の世界が女子高校生を主人公にした動画で紹介されている。ドローンが荷物を届け、ＡＩを搭載した冷蔵庫が料理のレシピを提案してくれる。ＰＣで医師の診断が受けられ、自動車やバスが自動運転で走行している。こうして少子高齢化、地方の過疎化、などの課題が克服される社会が到来するというのだ。

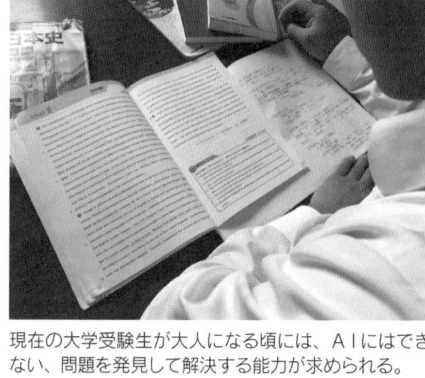

現在の大学受験生が大人になる頃には、ＡＩにはできない、問題を発見して解決する能力が求められる。

「ソサイエティ５・０」は理想的な社会には違いない。しかし、その一方で、ＡＩやロボットによって多くの仕事が奪われることも懸念されるようになった。

文部科学省は二〇一八年六月、「ソサイエティ５・０」に向けた新時代の学びとして「学校バージョン3・0」を発表した。「学校バージョン」の「１・０」は「勉強」の時代だ。ここでは知識を正確に記憶する基礎学力や忍耐強さが求められた。「２・０」は「学習」の時代だ。「対話的・主体的で深い学び」が求められ、今回の大学入試改革はこの「２・０」に位置する。「３・０」はここから一歩踏み出した「学び」の時代だ。「文章や情報を正確に読み解き対話する力」「科学的に思考・吟味し活用する力」「価値を見つけ出す感性と力」「好奇心・探求心の育成」といったＡＩにはできない力を重視した学校教育である。特に文章や情報を正確に読み解く力は重要となるだろう。「論理エンジン」の開発者である出口汪氏は読解力・思考力・表現力の三つの力を支える土台が論理であるとしてその重要性を説き、「論理は国語だけではなく、すべての教科の土台になる」と著書「論理の力」の中で述べている。こうした背景のもとに大学入試改革はスタートするのだ。

◆記述式問題の導入も見送られた共通テスト

大学入試改革によって、二〇二一年一月から大学入学共通テスト（以下、共通テスト）が国公立大学や私立大学の受験者に向けて実施される。このテストは大学入学者選抜大学入試センター試験（以下、センター入試）に代わるものだ。センター試験はマークシート方式である。また、記述式問題はない。この試験は問題の評価・改善が重ねられて実施されてきたものの、暗記を重視した知識偏重型の試験だという声も多かったのである。

それでは、共通テストの特色を見てみよう。初回の実施は二〇二一年一月一六日（土）・一七日（日）だ。この試験では「知識・技能」とともに、学力の三要素とされる「思考力・判断力・表現力」をさらに重視したマーク式問題へと改善されるという。

大きく変わるのは英語の問題だ。社会のグローバル化に伴い、英語の四技能の習得が重要視され、リスニング問題の占める割合が大きくなる。現行のセンター試験ではリスニングとリーディング（筆記）の比率が一対四であるのに対して、共通テストは一対一と同配点になるのだ。

共通テストの英語に関して二〇一九年一一月一日、教育業界に激震を走らせるニュースが飛び込んできた。英語民間資格・検定試験の共通テストへの導入を見送ることが発表されたのだ。前述のように現行のセンター試験や新しい共通テストでは四技能のうち「話す力」を評価できない。しかしこの力を一日の試験で測るには限界がある。そこで、大学入試センターが受験生から英検（実用英語検定試験）を始めとする民間資格や検定試験の成績データを収集し、一元管理して各大学へ送る「大学入試英語成績提供システム」がスタートするはずだった。これらが見送られることになったのだ。文部科学省は新学習指導要領が適用される二〇二四年度の共通テストから導入するとしている。

また、追い打ちをかけるようにさらに大きな激震が同年一二月一七日に走った。当初は二〇二一年の共通テストに国語と数学Ⅰ・Aに記述式問題が導入される予定だったが、見送られることが萩生田文部科学大臣によって正式に発表されたのだ。その理由に採点ミス解消の難しさなどが挙げていた。共通テストには抜本的な見直しが必要だろう。

◆AO入試や推薦入試に新たな可能性

大学入試改革によって変わるのはセンター試験だけではない。志望理由や課外活動への取り組み、将来の目標などを総合的に評価するAO入試や推薦入試が今後さらに多くの大学で導入されていくのだ。

お茶の水女子大学は、ペーパーテストで測れない潜在的な力を見極めるために「新フンボルト入試」を実施している。

二〇二〇年度からAO入試は「総合型選抜」に、推薦入試は「学校推薦型選抜」に名称が変わる。さらに二〇二〇年度から国立大学は二〇二一年度までに両入試の定員を全体の約三〇%とする目標を掲げ、これらの入試を重視しようとしているのだ。

すでに最先端のAO入試を行う難関大学も多く見られるようになった。たとえば、お茶の水女子大学が二〇一七年度から導入したAO入試「新フンボルト入試」。フンボルトとは、ベルリン大学の創設者である言語学者ヴィルヘルム・フォン・フンボルトのことである。受験者は二日間にわたって開催されるプレゼミナールに参して複数の授業を受けた後、レポートを提出。これが第一次専攻だ。続く第二次専攻では文系で「図書館入試」、理系で「実験室入試」が実施される。前者は大学の図書館で文献や資料を参照しながら課題のレポートを作成。後者は理学部化学科ならテーマにそった実験を行う。その後、両者ともに面接などを通して、論理力や課題探求力や独創性などが評価されるのだ。

大学入試改革は、共通テストの記述式問題の先送りなど課題を残しつつも、子どもたちの可能性を大きく広げようとしているのだ。

Column4

『大学教育の行方』

日本には国公立私立大学あわせて七七九校存在する。それ以外に短期大学、高等専門学校、そして専修学校が三五〇〇校ある。これらがいわゆる「高等教育機関」と言われるものであり、これには「大学院(大学院大学)」などは含まれていない。

かつて大学が少ない時代には、学生の就学意欲は高く、「学士」は世間では「学士様」と呼ばれてその博識を尊敬されていた地域も多かった。しかし、高等教育機関が増え過ぎたためか、学生の質は年々落ちて、大学に入ってから高校の教科を学び直すというケースも出てきた。

しかし、経済的背景もあり、「受験において学費投資をすれば難関大学に入って卒業し、給与も仕事も社会的地位もハイレベルな企業で勤務出来る」というエリートコースが約束される時代ではなくなってきた。奨学金制度を利用して勉学に励んでも就職してからの人生が輝くことが約束されるわけでもない。

大学はこれからどのような存在になっていくのか？　半世紀以内にAIロボットが膨大な人間の仕事を奪い取っていくと言われており、未来の人間は、AIロボットに出来ない仕事をしなければ生きていけなくなった。その教育が出来るかどうか、それは大学教育だけの問題ではなく、民間教育の使命でもあるかもしれない……

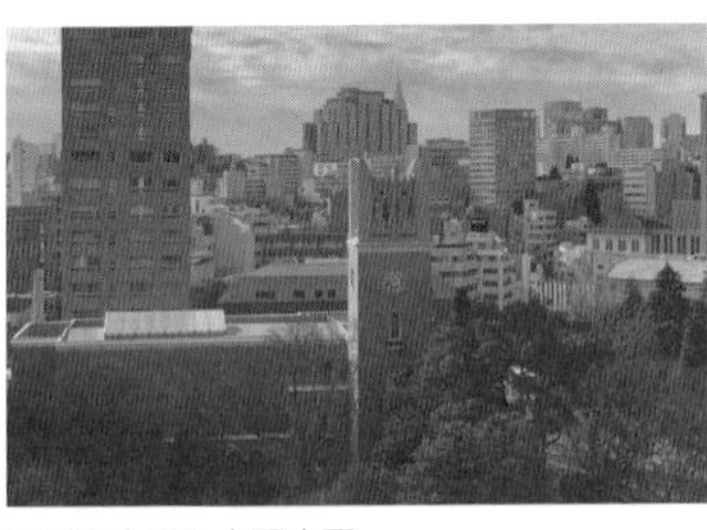

早稲田大学と大隈庭園

Chapter6

特集
教育という仕事の現在と未来

千葉誠一

民間教育は、人間的成長ができる やりがいのある職場

一　全国主要塾の「やりがい」ある職場への取り組みとは？

座談会や研修も活発。

規模に関係なく、学習塾では日々研修が続けられている。そして、彼等には報酬と福利厚生が約束される。しかし、彼等が真に求めるのは指導している生徒たちの成績向上であり合格である、そして人間的な成長なのだ。

やり甲斐のある仕事が出来る環境作りのため、会社はつねに楽しく魅力ある職場を目指して努力と工夫を重ねているが、社員としてまず理解して身に付けなければならないものは教育理念であり教育の姿勢である。各塾の教育理念は、創業の思いを前面に出したものであり、塾とそこで働く人た

塾は『働き方改革』に積極的。

ちを自ら律する考え方でもある。

進学塾であっても補習塾であっても、そして集団指導塾だろうが個別指導塾だろうが、生徒の人間的成長を目指さないで教科指導を優先する塾は皆無だ。

映像を使った研修風景。

最近は、デジタル時代を反映して理科系出身の人材採用が積極的だが、それ以上に明るく元気で有能な女性の採用と活躍が目だっている。女性が活躍していると自然に男性も頑張るようになる。塾の社員が楽しく仕事をしていると、生徒たちも彼等から元気をもらい、大人社会に対する不安を薄めて、自分の将来にいろんな夢を描くようになるのだ。

◆数値では測れない教育という仕事のおもしろさ

教育サービスを業務とする「私教育」（塾・予備校）は、その仕事の面白さという点では異業種を寄せ付けない魅力にあふれていると言われる。では、どんな観点を重視して人材採用をしているのだろうか？

アンケート結果の一部をご紹介しよう。

説明会場。

練成会グループ
「教育に携わる者としての覚悟、情熱、子どもからも学びを得ようとする素直さ」

うすい＝うすい学園
「人間性、明るく、前向きであるか。繕わずに正直に話せるか」
ヒューマレッジ＝木村塾「体力的・精神的にしんどい状況を、歯を食いしばって何とかしてきた経験があるかどうか」
さなる＝佐鳴予備校「人間的魅力があるかどうか」
栄光＝栄光ゼミナール「教育への覚悟とビジネスパーソンとしての視座」
野田塾「採用の際に重視するのは人柄」
ビジュアルビジョン「能力よりも意欲や熱意を大切にしている。また、夢や目標を実現させようとする前向きな姿勢を見ている」

おわかりのように、教務的なスキルを軽視しているわけではないが、あくまでも人間的な魅力あふれる人材の採用と育成を各社とも重視しているのである。生徒や保護者から見られても恥ずかしくない人間性と高いスキル、そしてあらゆる面でバランス感覚に優れた人材が、多くの先輩たちに育まれて、生き生きと働きながらさらなるスキルアップと人間性を磨く職場が、まさに学習塾業界には存在しているのである。

◆充実した研修制度で、異業種から転職しても即戦力としての活躍が可能

各社はさまざまな研修制度を用意しているが、最近目立つのは、社内だけでなく社外の研修機関に依頼したり、社員を積極的に各種講演会に参加させていることだ。また、将来に向けて体系的な研修システムを構築し、早期人材育成に努めているところもある。

練成会グループ「人材育成、マネジメント研修。教室経営戦略研修、感動体験研修」
うすい＝うすい学園「マナー研修（アナウンサー講師による）、面談研修、コーチング研修、経理研修、ネットワーク研修」
ヒューマレッジ＝木村塾「教育理念研修（木村塾流勝利の方程式　七か条）、成功事例ベンチマーク（各校舎や個人の成功事例を学び互いを高め合う研修）、DMC研修（他人に響く話し方を学ぶ研修）」
さなる＝佐鳴予備校「スピーチ、プレゼン研修、階層別の研修など」

野田塾「マナー研修、接遇対応研修、マネジメント研修など」

ビジュアルビジョン「一流の従業員を育成している。そのために必要なスキルの習得はもちろん、礼儀作法等の基本動作も学ぶ」

かつては、職人的な講師を揃えて合格実績を他塾と競い合うのが塾の姿として、世間に大きく映っていたが、最近の学習塾では、ベテランから若手に指導技術や心構えを伝え、時にはマンツーマンで先輩が後輩を指導して各校舎の核としていくしくみができあがっている。

兵庫・大阪で展開し、梅田に本部を置くヒューマレッジ=木村塾では、十数年前から生徒たちに「木村塾流　勝利の方程式　七か条」を実践してきたが、それが生徒達の意識改革につながり、成績と合格実績の飛躍的向上となって開花した。木村吉宏塾長は、これを社員にも適用したが、今では社員の仕事へのモチベーションも格段に高まっているという。働きながら、自分自身を向上させることができるのが学習塾業界の「スタンダード」になっている。万一異業種に転職することがあっても「さすがは学習塾業界にいた人だ」と言われるが、その逆もまたしかりで、異業種からの転職者も充実した研修により瞬く間に即戦力となっていくのである。

◆充実した福利厚生と手厚い待遇

各社は、福利厚生の充実により働きやすい職場環境づくりとともに、休暇で使える保養所や契約施設などの充実にも努めている。また、各種手当や制度による細やかな生活環境の変化への対応など、手厚い待遇にも尽力している。木村塾のコメントでもわかるように、給与水準も業種別で常に上位にランクされている。社員から最も高い評価を得ている全国の主要な塾の福利厚生と待遇面についてみていこう。

練成会グループ「社員教育（社内、社外問わず）」

うすい=うすい学園「評価が高いものは独身寮。年間休日の取得率は達成できたため、次は有給休暇の取得率をアップさせたい」

ヒューマレッジ=木村塾「夏期長期休暇が二回もある（お盆五日間、八月末五日間の計一〇日間）、社員の平均年収が一部上場企業レベル（三〇歳平均五〇三万円、三五歳平均六一〇万円）、会議・研修への参加・残業等のするしないを自分で選べる（社員も生徒と同じ）、女性が働き易い職場づくりをより推進していく」

さなる＝佐鳴予備校「グアム、箱根などの保養所」

栄光＝栄光ゼミナール「変形労働時間制、育児休業制度、短時間勤務制度」

野田塾「評価が高いものは帰宅時間がきちんと管理されていること。今後の課題は、教務以外の部署の整備、有給休暇の取りやすい環境の整備」

ビジュアルビジョン「福利厚生制度の多くは、『夢会議』を通じて実現している。住宅ローンの利子補給制度やクルーザーなど、他社にない制度・設備を持っているのも魅力」

有給休暇の取得率を高める努力について、うすい学園や野田塾がコメントしているように、職場環境の改善にも並々ならぬ努力をしているのが学習塾業界の特色の一つでもある。

◆社員旅行も欠かせない研修の一つになることもある

社員研修で海外に数十名で行くことも多いが、時にそれは貴重な体験、欠かせない経験となることが多い。香港に社員研修で行ったビジュアルビジョンの社員たちは、香港の民主化を求める学生たちと警察の衝突現場に遭遇、いつもニュースで見る光景を目の当たりにした。このインパクトある刺激が生徒たちに向かって行う授業に生かされないはずはない。

上海に社員旅行に行った群馬のうすい学園の社員たちは、柴崎代表から聞いていた数年前の上海とは

レンセイベトナム本校

全く違う上海を体験して驚いた。混雑する地下鉄で整然と並ぶ人たち、信号待ちできちんと待つ車と人、そして信号のない横断歩道ではお互いの間合いを読み取って行き交う車と人、さらに様々な注意書きの看板が消えて、ゴミ一つ落ちていない街路……。

こうした実体験によって、塾の社員たちは異国の生活や発展の様子を自分のデータベースに取り込み、授業に生かしたり、次の世代の育成に役立てたりすることが出来るのだ。

練成会グループはベトナムにも教室展開しており、現地の学校の委託授業を運営しているが、日本の塾のノウハウを生かした指導で好評を得て、すでに生徒数一〇〇〇〇人を超えている。そこで働くこと、研修で訪れることは本人にとって貴重な体験となる。そして、練成会グループでは、東京八重洲に日本とベトナムを結ぶ拠点を設け、ベトナムの若い世代の日本留学支援などを行うことになった。

◆良い意味の「競争原理」が生かされている

全国の塾では、「生徒アンケート」や「成功事例」の披瀝の場などを活用して、伸ばせる人は伸ばすことが当たり前の職場環境づくりに努力している。また、年功序列の縦割りの職制ではなく、年次や年齢に関係なく実力と実績に応じて仕事を評価される。リーダーシップに富み広範囲のマネジメントができる能力の高い人には、徐々に責任ある立場が任されていく。

といっても、上から下へのトップダウンの単純な命令系統ではない。成功事例や失敗事例などを持ち寄り、お互いの良いところを真似し合い、かつ切磋

色分けされた教室。

アートな教室が増えている。

琢磨していく……、その結果として組織のレベルアップが可能となっていくのである。個人の「のびしろ」を伸ばしていくことで、企業としての「のびしろ」もどんどん伸びていくと言い換えてもよいかもしれない。

全国の学習塾は、「競争原理」を大事にしているが、社会常識である礼儀やみだしなみにも特に気をつかっている。日本の将来を担う生徒たちに対して指導を行う責任と自覚があるからだ。それは、生徒の前では教師であっても、保護者や外部からの来客に対しては社会人として対応しなければならないからでもある。

また、指導能力の強化だけでなく、保護者との進路相談や校舎運営のマネージメント能力の強化なども研修で常に徹底されている。個々の目標設定が可視化され、社員それぞれが目指すべきもの、そしてそのために学ぶべきものが明確にわかるようになっているのだ。具体的な事例として野田塾を挙げると、「模擬授業大会の代表として選ぶ、入試解説のテレビ出演者に選ぶ」などを通して、本人の意識改革と

フリー学習スペース。

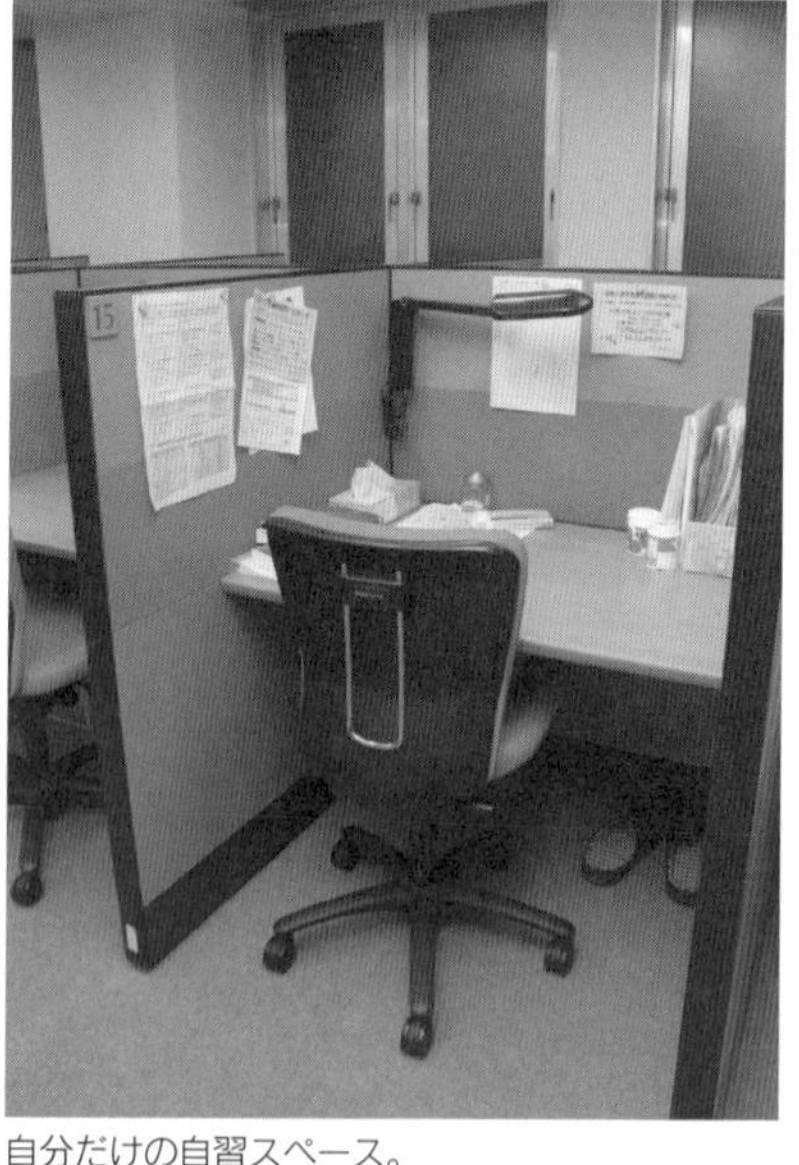

自分だけの自習スペース。

自覚を促す試みが行われている。

◆教育の仕事には「自分自身を高める覚悟」という快感がある

数値ではわからない学習塾の仕事のやりがい、楽しさは子どもの数だけ広がりのあるものだと思われる。同時に、教育という仕事には、自分自身を高める「覚悟」という快感も含まれる。ただし、それは曖昧なものではなく、たとえば「行動規範」として規定され、社内で浸透させることで、組織としての意思統一が行われていたりする。

毎年巣立っていく生徒たち……。その一人ひとりの人生に関わることができたという思いに浸る間もなく、成長した生徒たちは後輩のために塾に訪れるかもしれないし、講師としてアルバイトをするかもしれない。さらに大学を卒業して塾に勤める人もいるかもしれない。

生徒だった人たちが塾に勤めてみて初めてわかる待遇的なものが、予想外にレベルの高いものであることが多い。特に、本書に掲載されている各社は例外なく地域の優良企業として高い評価を得ている。学習塾として高い合格実績を維持しているだけでなく、企業としての質も高いのだ。

それは、良い意味で、各社が指導の質と同時に企業しての質を向上させるために競い合っているからにほかならない。それを実現するために人材採用と育成にもつねに最大限の投資と努力を惜しまない。そして、

面談室。

広い廊下。

教育という仕事には「自分自身を高める覚悟」という快感が伴っているのである。

二　多様化する教育現場で働きながら学ぶ

◆多様化する教育現場

かつては生徒指導＝教務が出来れば、塾の人材として十分だったが、最近は個別指導の校舎運営を担当したり、管理部門で人事を担当したり、指導以外の仕事も増えている。男性社員で新卒を一切採用せず転職者だけを採用する会社もあり、異業種経験者

ロボットだからいい!!

を重用しているのも学習塾業界の人材採用の特色の一つでもある。

教育現場には、デジタル機器が色々と導入されており、パソコンだけでなくタブレットやロボットなどを使いこなせなければならない。なにしろ生徒たちは生まれながらにデジタル世代であり、大人の数倍のスピードでデジタル機器に慣れていく。ゲームを生かしたアプリによる学習なども導入されてきており、そうしたものに強い若手人材も重用されている。

◆多彩な事業拡大で広がる職種と仕事

一つの例をあげれば、埼玉県大宮市に本部を置くビジュアルビジョンでは、学習塾は沢山ある事業部門の一つにすぎない。たしかに収益の大きな柱ではあるが、不動産や飲食、そして介護や私学など、巨額な資本と多くの人材が動く事業が日々活発に動いている。そこで活躍しているのは塾出身者であり、人材の要となっている。

「それぞれの事業で収益を上げて、五十年、百年続

く会社にしたい」と井沢代表は語る。

「不動産部門は前年対比一七〇％と好調で、今回も二万坪のショッピングセンターを購入して収益に貢献してくれると期待している。特別養護老人ホームも延べ床面積二千坪の施設を建設中で、高齢化社会に貢献したい。飲食や介護なども含めて、あらゆる業種でトップになり、百年後に残る存在でありたい」

学習塾を本業と位置づけてサイドビジネスを一切しないところもあるが、人材採用と育成という観点から、塾以外の事業を手がけるところが年々増えているのだ。一つの会社に入り、複数の職種や違う仕事を手がけることは、万一転職することがあった場合にとても役立つことでもある。

◆学習塾業界の「働き方改革」

昨今「働き方改革」についてのニュースが色々と出ているが、学習塾業界においても、「働き方改革」についての取り組みは積極的だ。

どうしても夜型の仕事なので、別途手当が支給されたりしていたが、最近は担当する授業が無ければ定時に帰れるようになっている。また、どうしても用事がある場合は「代講」が用意されたりする。

「プレーイングマネージャーというと聞こえはいいが、結局何でも屋になってしまうと仕事の出来る人にいろんな仕事が集中して、仕事をすべき人がダラダラしてしまうことになる。管理本部の仕事は、そうした仕事のアンバランスを調整していくこと。具体的には、アプリでシフトを管理しつつ、個別のスケジュールを考慮して、万一の場合に備える。厳格な管理ではなく融通のきく管理を目指している」（某塾の管理本部の人事課）

「働き方改革」の中ではやはり人と人のコミュニケーションが最も大事であり、正直に自分の都合を提示し、それに対応してもらうことが肝要だ。そうすることで、次の万一の場合に備えた対策が生まれて、それをまたシステムに組み込むこともできる。そうしたカスタマイズ出来るシステムが多くの塾に導入され、自然とそれが「働き方改革」を促進してきたのだ。

◆女性の活躍

「女性の活躍」と言うと、まるで男性の多くが活躍していないように聞こえるが、それは全く違う。「男性と同じように女性が活躍しているのが、学習塾業界の特色の一つ」であると言い換えよう。

「女性というのは元々実力主義の考え方がつよく、結果を出すためにどう動けばよいかを最優先で考える。だから、過程ではなく結果重視で働く。しかし、それは時にブレーキのない車になって、事故を誘発してしまうことにもなるので、女性と男性の活用をバランスよく行えば、現場は混乱しなくて済む」と語るのは某塾の本部長。

女性の授業力は年々アップ。

「以前は、校舎長は男性で女性はサブまでだったが、最近は入社の面接で『三年以内に校舎長になりたい』と言う女性もいて、実際二年で校舎長になったケースがある。女性の活躍するフィールドで突破口を作ってくれると、そこからどんどんそれを超える活躍をする人材が増えていく……」

セミナーや研修に参加する女性が増えている。

外部講師も積極的に呼んで研修。

具体的な例を一つあげれば、練成会グループの仙台練成会の五橋スクールの教室長をしている渡邊早記さんは、「私の結果によって、今後女性職員が活躍する場が更に増えていけば嬉しいです」とインタビューで語っている。渡邊さんは、全国模擬授業大会のグランドチャンピオンにも輝いており、「演技だけではない、心が伝わる授業の質」を日々高めている。

他にもｅｉｓｕ ｇｒｏｕｐのＣＯＯを務めている伊藤奈緒さんや練成会グループの松田彩常務取締役など、年々女性の活躍が目立っているのが、学習塾業界の大きな特色の一つとなってきた。

「女性が頑張ると男性も頑張るというのが教育現場の常識でもある。だから、女性を前面に出すと、男性の目の色も変わる」と語るのは、某大手塾の幹部。

「かつては男女雇用均等法などがあり、まず法律や掛け声が先にあったが、今は違う。何も言わないうちから、新規事業に対して『私にやらせてください』と言ってくる女性社員がいる。ただ目立ちたいのではなく、新しいビジネスに対する好奇心が旺盛で、申し出た時点で具体的な自分の意見も持っている。それが男性と違うのかな？」

つまり、女性社員は新規事業をやりたいと申し出た時点で自分の具体的な提案を持っているのに、男性社員の多くはただやらせてくれと主張するだけなのだという。同じ男性としては異論を唱えたい気分だが、冷静になって考えるとたしかに男性はそういう傾向がつよいと思われる。

よく人的ネットワークを活用するというのがあるが、男性は過去の自分のネットワークを使おうとする傾向がつよいのに対して、女性は

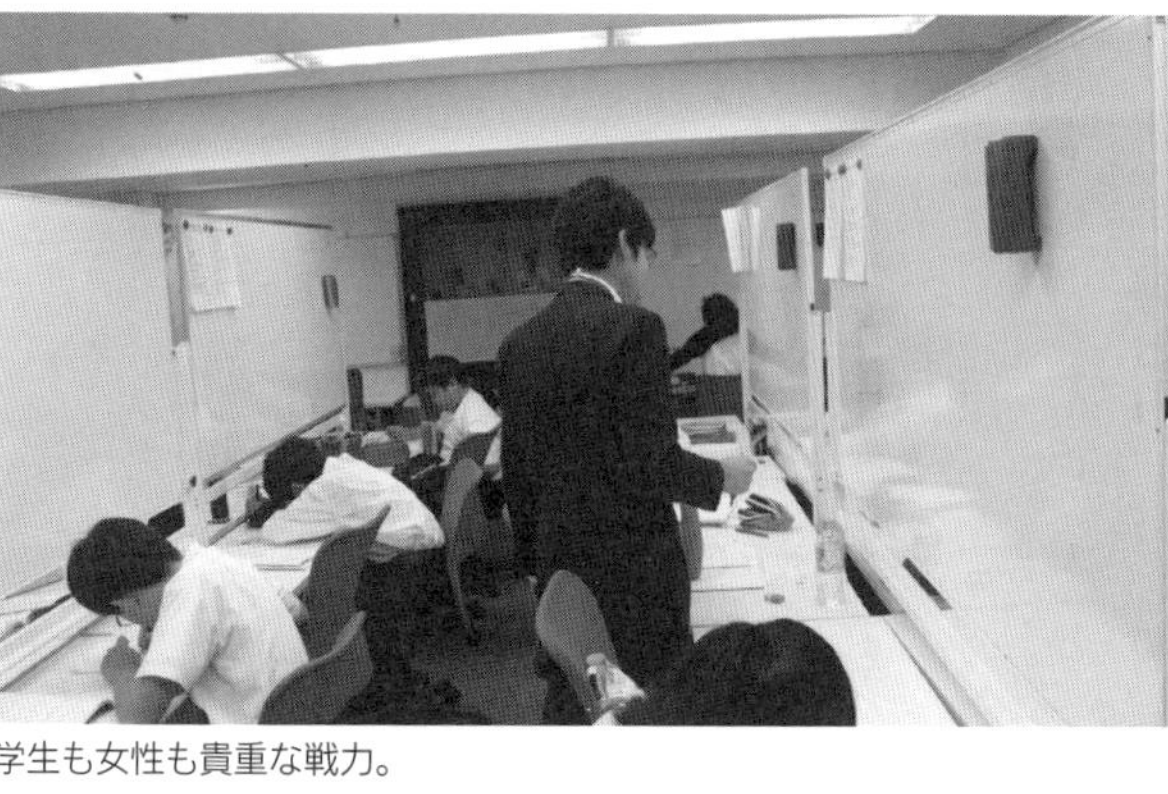
学生も女性も貴重な戦力。

新たなネットワーク作りをする傾向にある。したがって、新規事業を担当させる場合、女性の方が適しているのかもしれない。真っ白なキャンバスに自分の思う通りに描くことが出来る新しい仕事、それは女性にとって心躍る楽しい仕事でもあるのだろう。

若手の男女社員が躍動する「全国模擬授業大会」。

「特に男性と女性の比率を気にしているわけではないが、ここ数年女性の入社が増え、しかも定着率が高い。したがって私たち幹部も経営の安定を重視しつつ、新規事業で新しい収益の柱を作ることを目指している」

と語るのは某地域一番塾の幹部。

「女性はやはり安定を求める一方、新たな仕事に対して嬉々として取り組む傾向がつよい。それと仕事に行き詰まった時、必ず相談してくれる。男性だと、しまいこんでしまう傾向があるのだ。きっと自分の弱みを他人に知られたくないのだろう」

この話は、恥ずかしいことだが、心当たりがある。誰かに相談したいが、出来ない自分を知られることが恥ずかしくて言えない。そうした中で、どんどん時間だけが過ぎていき、最悪の結果を招く……女性の場合はすぐに相談して突破口を開く。男性と女性のトラブル対処の違いについて理解していれば、適材適所の人事も可能になっていく。

◆生徒の自己実現を手助けし、かつ自分の夢を叶える

生徒たちが成長していくのと同時に指導する先生も年を重ねていく。時は待ってくれない。しかし、学習塾の仕事は、生徒たちの自己実現を手助けし、かつ自分たちの夢も叶えていくことが出来る魅力的な仕事でもある。

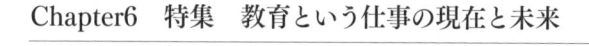

　何十年後かにＡＩロボットが進化して、人間の仕事をどんどん奪っていくと言われているが、過去百年でどれだけ人間は進化してきたのか？　振返ってみれば、百年前の日本は大正デモクラシーの時代だが、第一次世界大戦が終結した世界は革命の嵐にもなっていた。産業が急成長した大阪では千七百本以上の煙突が立ち並び、「煤煙都市」と称された。箱根駅伝や宝塚劇場が生まれたのもこの時代である。成金が金をばらまき、誰も次の大戦で日本が敗れることなど想像すらしなかった。

「AIに負けない子どもたち」の教育とは？

　それでは、これから百年後までを正確に予想出来る人が果たしてどれだけいるのだろうか？　世界的な戦争は起きないにしても、違う形の戦争、たとえば経済戦争やＩＴ戦争など、人間の仕事も含めて激しい淘汰が起こる時代が急速に訪れるかもしれない。また、これまで当たり前とされてきた様々な「常識（スタンダード）」が崩れてしまうかもしれない。おそらく、その過程で、人間の仕事の何割かがＡＩロボットに奪われていくのだろう。

　私たちは今、ＡＩに負けない子どもたちの指導を心がけているが、それでもロボットに仕事を奪われてしまうケースが多々出てくるはずだ。まさにその時、自分の力で突破口を開くことが出来る子どもを育てていくことが出来れば、それが塾の仕事として高い評価を受ければ、学習塾業界は無くならないはずだ。

「百年後も残って評価される会社」作りを目指している学習塾業界のトップも数人いる。その人たちは異業種に学び、積極的に異業種からの転職者も採用している。つまり、ビジネスの思考力はすでに学習塾業界の枠組みからはみ出しているのだ。

「昔の塾は純利益率が高く、それだけで何も考えなくて良かった。しかし、これからは塾とは別の収益の柱をいくつか準備しておかないと、万一急に生徒数が減ったら大変なことになる」と語るのは、過去に業界で塾を経営して拡大し過ぎたことが原因で廃業した元塾長。

「少数指導のあと生徒数が増えて、集団（クラス）指導になり、その後個別指導が生まれた。そしてグループ指導を模索した後、集団個別や自立型が生まれた。映像授業も究極の個別指導と言われたが、まだまだ塾の指導形態は進化中だ。その背景には教育ICT化によるタブレットの導入がある。

この指導形態の変化に応じて、指導方法も変化してきたが、原則として人間は変わらない。つまり毎年同じように採用し育成して教師になるが、特別なICT対応の指導を受けたわけではないので、生徒の方がレベルが高い場合が多い。最高のセキュリティをかけて生徒全員にタブレットを配ったとしても、数人の生徒がそのセキュリティを破って自分の好きなサイトにネットでつなげてしまうこともある。これは中学生から高校生になるにしたがい破られる率が高くなり、塾側は対応策がなくなる。そんな状況で教師が生徒を指導するというのは無理な話になっていく……」

機械の進化と人間の対応はいたちごっこが続くと思われるが、かつての敏腕詐欺師やハッカーが警察や警備会社の助言をするような時代だから、デジタル機器を自由自在に扱う生徒たちも将来同じような道を歩むことになるのかもしれない。問題は、この進化についていけない中高年を中心としたアナログ世代の教師の研修をどのように行うかである。

また、これから教育サービス業界で働く人たちに必要な知識や能力は何かということも重要である。それらを少しだけ解決して不安を取り除いてくれるものがあるとすれば、今はこの本しかないと言える。

Chapter 7

主要な学習塾業界の企業データ

【本書の企業データに関して】

本書に掲載している各社のデータは、弊社が独自に行ったアンケートや各社のホームページ等に公表されているデータを元に作成してあります。

最新の企業データから見る 業界の現状と今後の課題

一　地域一番塾の役割とは?

◆「授業力」こそ塾の命

ここに掲載された塾は、間違いなく地域一番塾であり、校舎展開する地域の教育に多大な貢献をしている。それは東大現役合格の数ではなく、ボリュームゾーンの成績向上と合格実績の向上でこそ評価される。しかし、そのために社員や校舎を増やしたり、さらには設備投資をしたりしているのではない。生徒の成績が伸びている塾ほど、やる気のある生徒が多い塾ほど、先生は少ないのである。つまり、評判の良い塾ほど生徒が自分で学ぶ姿勢が顕著なのだ。

「生徒の成績が伸びている塾ほど、生徒が口コミが集まる塾ほど先生が少ないのは確か」と語るのは、元カリスマ講師のN氏。

「知識をある程度教え込むのは必要かもしれないが、大事なことはどうやって学ぶかを身に付けさせること。それにはあまり教えない方がいい。調べて来いとも言ってはいけない。先生はどうしたらいいだろう? と問いかけて、生徒がじゃあ調べて来ると言えばしめたもの。調べてきたものが素晴らしければ褒めてあげればいいし、ダメならそこで調べ方や学び方のヒントを出せばいい」

高額な月謝を取っていれば、生徒に教え込まないとダメだ、成績を上げて合格させてあげなければいけない……そう考えてしまいがちだが、実際に生徒が伸びている塾はあまり教え過ぎていないのだ。

　しかし、世は個別指導が集団指導を圧倒する地域も出ている時代。個学についてちゃんと出来ているようでなかなか出来ていないのが現状でもある。若い先生が入社してすぐに「生徒が自ら学ぶような授業」が出来るわけがない。

　それでは、地域一番塾はどうしているのだろうか？

　ここに掲載されている塾はいずれも、社員（講師）の「授業力」を高める努力をつねに怠らない。それはなぜか？　それは生徒保護者から求められているものだからであり、それが塾としての価値でもあるからだ。

塾は授業力が一番大事。

◆複数校舎展開の理由

　地盤となる地域で複数校の展開をするだけでなく、他県にも進出する塾が多いのはなぜか？

　人材採用する際に県内だけであれば、職場も県内に限られるが、他県から採用して他県に勤務するという選択肢があれば、採用の幅が広がる。

「日本の大学の約二九％が集中する首都圏（東京・神奈川・埼玉・千葉）に、全国の塾が拠点を出したい気持ちがよくわかる。個別指導の学生講師の確保、人材採用、生徒募集まですべてがクリアできるからだ」と語るのは、業界で多数の塾を渡り歩いた某塾人。

「いつかは東京、これが全国の塾の目標。東京には一三〇以上の大学があり、全国から学生が集まっている。いろんな塾が指導力と合格実績を競い合ってもいる。そこに教室を出すことはビジネス上大事なことでもあるのだ」

といっても、下手に拠点を出しても失敗する確率も高くなるから、楽観的な思惑で東京進出は難しいものがある。やはり、塾のノウハウと人材が活かされる地域に出すことが優先される。ただし、今後は生き残りと人材採用の観点から、より首都圏に近い地域に拠点を出していく塾が増えていくに違いない。

二　新規開校と既存校の統廃合

◆全員が室長候補

上記のように、塾学習の生き残りのキーワードは「人材」であり、新規開校も人材次第である。実績のある既存校をどれだけ少ない人員で運営するか、複数校を掌握できる人材を上手く活用して、新規開校を模索していく……人員を安易に配置するのではなく、「この人ならこれだけの生徒数が読める」という確かなものが無ければ新規開校が難しい時代になったのだ。

「車社会の地域であれば、統廃合したとしても保護者は車で塾に子どもを連れてくる。良い先生がいれば生徒は逃げない。最近の保護者の目は肥えているからね」と語るのは業界で長年コンサルティングをしてきたT氏。

「講師ではなく教室責任者として生徒数によるインセンティブを設ければ、責任ある仕事をしてくれるはず。ブラックと呼ばれないラインを守り、統廃合でもきちんと指導が出来ることが安定経営につながる、新規開校というのは何か特別な要素が必要だ。たとえば大型マンションや新駅が出来るとか……」

数年前栃木県から東京の下町エリアに個別指導塾を新規展開し始めた塾があるが、人材はあっという間に集まったという。同業他社で講師をしていた人たちが「室長候補募集」に飛びついたのだ。そして瞬く間に四十教室近い規模になった。当初スケールメリットなどあまり期待していなかった塾長だが、こうなると最初のイメージとは全く違う。中堅塾の仲間入りどころか地盤の無かった地域で大手個別指導塾に対抗出来るまでになった。すべては短期間に

生徒目線の校舎作りで複数展開。

人材確保が上手くいったからだ。

各社の一つの教室規模を検証してわかるのは、かつて存在した生徒数百人規模の大型校舎が激減していることだ。もちろん二百人ほどは収容可能な校舎はいくつか存在するが、大半が二十人以内の教室が三～四ある校舎だ。生徒数百人の校舎が十校あれば生徒数千人規模ということになる。

「集団指導全盛時代は、神奈川の大手塾が五百人収容出来る大型校舎を駅前だけでなく住宅地にまで作ったが、今は跡形もない。個別指導の校舎が増えたことで大型校舎の必要性は低くなったし、高校部は別校舎にする傾向も強くなった。それと、最近では自前の校舎を持たないネット予備校や時間貸しの部屋を使う塾も出てきた。時間貸しの部屋は公共の施設もあれば民間の部屋もある。たとえば公民館や漁協の会議室など、格安で時間貸しさせてもらえる部屋は街中を探せばいくらでもある」（前述のT氏）

関西には、同じビル内の喫茶店を自習室代わりに使わせてもらっている大学受験予備校もあるという。今後も学ぶスペースは大きく変化していくに違いない。

三　指導形態の変化

◆塾の原点とは？

実家の一室とか離れを使い、近所の子ども数人から教えはじめて生徒数が増えたので塾として部屋を借りて黒板や机・椅子を置いた……というのが例外無く塾の成長の歴史であろう。自分だけで指導が間に合わず、学生講師やアフターファイブのサラリーマンや大卒主婦を雇うようになり、個人事業主から企業塾へと進化発展していった。組織的なものを作る過程で、アルバイト講師だった人たちが創業メンバーとして入社し、幹部として活躍するようになった。大概の塾がこうした流れで地域一番塾へと駆け上がっていったのではないだろうか。その際に、独自の教育理念や指導方法や人材育成の仕組みなどを構築したが、それと並行して個別指導を中心としたＦＣ展開も全国に広まった。個別指導の黎明期には、学校の教科書や補助教材以外に、入試問題や教材会社の問題集などをコピーして使用していた時期もあるが、著作権問題でそれも今は消えた。

生徒の自立した学びが大切。

◆塾は「空気」を売っている？

集団指導から個別指導にシフトしていく中で、集団個別や自立型が生まれたことは先に述べたが、指導形態は未だに試行錯誤が続いている。その理由は、指導の成果を最大限にするのと同時に採算効率も高めたいという塾側の思惑があるからだ。一見、塾は箱もの商売に見えるが、実は「空気を売っている」つまり、授業というスタイルで生徒たちに知識やテクニックを伝授しているわけである。ここには一種のリスクも伴う。先生は「教えた気」になり、生徒たちは「分かったつもり」になるのだが、その確認のために小テストや月例テストなどを行う必要がある。独自教材を作ったり、教材会社から購入したりするのはそのためである。先生は「分かったつもり」になっている生徒の理解度をチェックして定着度を高めていく。生徒たちは自分の弱点を知っている先生を信頼してついていく。

◆教えない塾が生徒の成績を伸ばす?

塾の先生としては、「教えすぎ」てもいけないし、「思考のベースとなる知識を定着させる」必要もある。矛盾するようだが、出来るだけ教えすぎないで、ある程度土台が出来たら生徒本人が自分に必要な事を学び、問題点について考えていくように導くのが良い先生ということになる。

こうしたことを背景として、塾の指導形態はデジタル化と相まって今後も進化していくはずである。

四半世紀ほど前から教育にパソコンが導入されてきたが、あくまでも先生が主役でパソコンは脇役の塾が多かった。映像授業が進化して「究極の個別指導」とまで言われたが、それが教育の目的地でないことは確かだ。

タブレットを生徒に無償配布した塾が現れたが、それはあくまでも家庭学習を助けるツールである。国がパソコンを生徒一人に一台などと言っているが、セキュリティをいくら強化してもそれを破って自由に使う生徒が何人も現れ、それが突破口となってセキュリティなど無意味なものになってしまうだろう。

四　教育ICTの活用の限界

◆AIロボットの活用とは?

全自動の工場が成立するのとは違い、教育という仕事においてAIロボットで指導が全自動化されることはまずありえない。しかし、生徒本人の学ぶ姿勢次第では、パソコンやタブレット、そしてＡＩロボットを活用した新しい学びの可能性は大きくなっていくに違いない。したがって、これからの自立学習において、デジタル機器の活用は一つの大きな課題であり、デジタル世代の学びにおいて不可欠なアイテムだといえるのだ。

指導している大人がデジタル世代でないが故に、教わる生徒の方がデジタル機器を早期に熟知してしまうという可能性は否めない。そのため、扱い方を指導するというよりも、デジタル機器をどのように活用したら良いのか？　どのような分野で活用すればより成果が得られるのか？　ビッグデータも活用した新しい指導が、教育ＩＣＴには必要となってくる。

◆生徒同士が教え合う塾がもっと増えてもいい

かつて江戸時代の寺子屋は、地域の教育の要となっていたが、読み書き算盤を教えたのは実質的に寺子屋で学んだ年長者たちだった。そしていま、教師（先生・講師）のいない塾や予備校が出現し、増えそうな気配もある……一つ断っておくと、「うちの塾は先生がいません」と最初から堂々と言うところはありえない。なぜなら生徒たちが最初から学び方を心得ているわけではないからである。したがって、実質的に教えない塾であっても、最初は担任がいて勉強の仕方をきちんと教えたりする。

将来的には、これもＡＩロボットがやってくれるようになるのかもしれない。未来は必ずしも予想通りにはいかないが、パソコンやスマホの普及と進化の速さを実感している私たちは、将来的に教育の世界も画期的に変わりそうだということだけは分かる。それに対応した考え方や覚悟を持つことがこれからは重要であろう。

五　学習塾にとって最大の課題とは？

◆少子化が最大の敵？

二〇一九年に生まれた子どもの数は、八六万四〇〇〇人で過去最低を更新した。四年連続で百万人割

生徒同士が円滑に交流できるスペースが必要。

れである。一人の女性が生涯に産む子どもの数にあたる合計特殊出生率は一．四二で、二〇一七年から〇・〇一ポイント下がった。こちらも三年連続の低下だ。ずっと結婚しなかったり晩婚で子どもをもうけなかったりする夫婦が増えていることが大きく影響しているという。

つまり、この先ずっと少子化は続く事が確実であり、年金に問題では現在、生産年齢人口三人当たりで一人の高齢者を扶養しており、これも改善される見込みはないので、子どもたちの将来の負担と不安も増していくのである。国は現在の年金制度を維持していくか、それとも別の方法にするか試行錯誤だが、仮に将来年金支給年齢が引き上げられれば、それも現在の子どもたちの負担が大きくなるということになる。年金が税金の一つである限り、国民として支払うことが義務化されるわけだが、受給辞退の選択も将来的に取れるようになるのかもしれない。

◆「怪我の功名」？

こうした事を背景として、学習塾業界では、受験や進学、そして補習など教育サービスに留まらないビジネスモデルの構築や新規事業化が盛んになっている。同時に、学童や習い事などを既存教室に併設したり、不採算が見えて来た複数の既存校を一気に閉鎖して、生徒集客が安定している地域に集中的に人員と資本を投下する塾も現れはじめた。

かつては生徒数の伸びとともに新規開校すれば必ず全体の売上は増えていた学習塾業界だが、最近は採算分岐点を確認しながらの経営になっている。

しかし、「怪我の功名」というのだろうか、塾の利益率が下がって別の事業化を図ったことで、社員が生き生きと働くようになり、収益の新たな柱がいくつも生まれた会社も出てきた。今後は、この傾向がさらに続くことが確実であるし、塾という看板が無くなって全く別の業態にシフトしていく会社も現れるに違いない。

◆「ダウンサイジング」と「継承問題」

塾の看板を下ろさないで生き残るためには、独自の指導で地域に信頼される塾になるか、看板を残す事を条件に資金力のある大手塾の傘下に入るか……様々な方法はあるが、それを決断し実行するタイミングは極めて難しい。M&Aを手がける会社のベテラン社員に聞くと、「売却したいという案件の大半は業績がかなり落ちてから具体化される」という。

業績不振になれば、まずダウンサイジングする、そして最悪の事態にならないうちに業務提携や資本提携を模索しつつ、その先の売却も視野に入れる……。万一に備えた経営をしなければ、生徒が卒業するのと同時に一気に破綻することもあり得る時代なのである。

塾の経営者の高齢化に伴い、継承問題も深刻になりつつある。オーナー一族に子どもがいなければ、雇われ塾長に頼るしかない。経営を持続させるためには、社内で次の人材を育成しなければならない。つまり組織力も試されることになる。大半が個人事業主からスタートしている塾は、組織力という点が弱みになることが多い。過去に「社員の離反」が各地で起きてきた。

◆自分を高めておけば、いざという時に困らない

なぜこのような負の要素を語るかといえば、新卒の人や転職する人に、自分の目で就職先の内情を確かめて入社して欲しいからである。これまで学習塾業界でどのような事が起きてきたのか、隠せば隠すほど、あとからマイナスのイメージが拡大するに違いない。「社員の離反」は「暖簾分け」でも「独立」でもない。給与をはじめとした待遇面での不満に堪えられず、退職して自分（たち）の塾を立ち上げるのだ。しかし、彼等のルーツは元いた塾であり、それを悪く言うことはまずありえない。彼等が彼等である根源は元いた塾なのである。

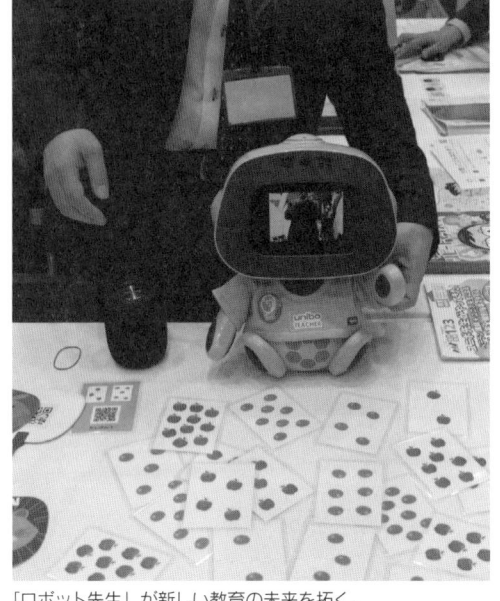

「ロボット先生」が新しい教育の未来を拓く。

最近では、独立をサポートしてくれる塾も出てきた。早期退職に応じた場合に、退職金を元手として独立を支援するシステムを公開している塾もある。

教育という仕事に夢を持って打ち込むだけでなく、万一の場合を考えて準備していくことも必要であるし、将来、塾以外の仕事で潜在的な能力を発揮して爆発的な成果を挙げる可能性もあるのだ。いざという備えをしていれば、人間は必ず良い仕事が出来る。

さて、塾で働きはじめたら、日常の仕事と研修の中で学ぶことだけでなく、社費でいろんな資格を取得したり、外部のセミナーや研修を受講したりして、自分自身を高めることが可能だ。また、各地で行われる展示会に出席したり全国模擬授業大会に参加して全国の優秀な講師と競い合ったりすることで、スキルアップを図ることが出来る。いざ学習塾へ!!

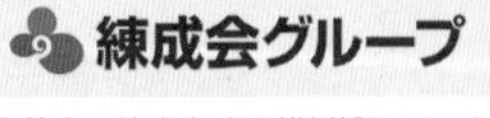

練成会グループ

●**塾名**：練成会，個別指導「3.14…」，東進衛星予備校，四谷大塚NET，れんせいベトナム，東京インターナショナルスクール

●**法人名**：株式会社 れんせい，株式会社 練成会，キョウリョク株式会社

●**本社**：〒060-0808 北海道札幌市北区北8条西5丁目
練成会グループ本部ビル6F 総本部
☎011-707-6106　FAX.011-700-1153

●**URL**：http://www.renseikai.com/

●**e-mail**：jks@rensei.co.jp

●**代表者**：代表取締役会長 奥山英明(おくやま・ひであき)

●**創業**：1977年(法人設立1984年6月)

●**従業員数**：〈正社員〉620名

●**資本金**：3500万円

●**売上高**：84億5200万円(18年度実績)

●**生徒数**：3万名

●**事業内容**：小・中・高校生対象の集団指導学習塾，個別指導学習塾，予備校の運営。

●**事業所**：〈国内〉北海道内札幌市・山形県・青森県・宮城県含め28都市に240会場 〈海外〉ベトナム

●**職種**：総合職(①集団指導，②個別指導)

●**初任給**：院卒・大卒22万円，短大卒20万円　●**賞与**：年間2～4カ月(年2回)

●**30歳モデル賃金**：34万円(既婚・主任)

●**勤務時間**：13:00～22:00

●**休日休暇**：年間休日105日，週休2日制(日曜日，その他1日)，有給休暇，夏期休暇(4日)，冬期休暇(4日)，年末年始休暇(4日)，GW休暇(8～10日)

●**福利厚生**：社会保険完備(厚生年金保険，健康保険，雇用保険，労災保険)，退職金制度，企業年金制度，定期健康診断，契約保養施設，運動会 他

●**女性の待遇**：女性再雇用制㊒，育休実績㊒

○**採用実績と予定**	大卒(男女)
18年実績	31名
19年実績	30名
20年4月入社予定	30名

○**採用実績校**：北海道，小樽商科，北海道教育，室蘭工業，帯広畜産，北見工業，釧路公立，北海学園，北星学園，札幌，札幌学院，藤女子，東京，新潟，東京外国語，東京女子，筑波，高崎経済，弘前，慶應義塾，早稲田，明治，中央，東洋英和，独協，上智，学習院，日本，明治学院，神奈川，青山，同志社，立命館，北里 他

○**新卒採用形態**：春一括　○**中途採用**：有(通年)　○**採用試験科目**：適性検査，面接

○**資料請求先**：本社所在地に同じ

○**採用担当部署／担当者**：人事部／桑原，鈴木，八島 ☎011-707-6106

ひと言わが社自慢　『心と創造』という創業の理念を基本精神として，当社は創業44年を数えます。

おかげさまで当社は北海道・東北において生徒数では最大規模の塾となっています。このことは『熱意あふれる親身な指導』を塾部門のモットーとして掲げ，いち早く講師の社員化を進め，講師の質・授業の質の向上に徹底的に取り組んできた成果と考えています。この学習塾部門を柱としながら，今後は教育に関する幅広い分野においてこれまで以上に地域に貢献できる企業体としての成長を目指します。

教育分野において最も重要な要素は，人そのものです。人の熱意と，そこから生まれてくる感動です。日々，喜怒哀楽を感じながら，自分の能力を高めたい，「やりがい」のある仕事をしたい，という人とぜひ一緒に仕事をしていきたいと思っています。

株式会社 ヒューマレッジ　木村塾グループ

●**塾名**：小·中生指導 木村塾，木村塾 東進衛星予備校，個別指導ハーベスト，私立中学受験シード
●**法人名**：株式会社ヒューマレッジ
●**本社**：〒530-0057 大阪市北区曽根崎2-12-7 清和梅田ビル11F（大阪メトロ東梅田駅直結）☎06-6316-0777　FAX.06-6316-0778
●**URL**：https://www.kimurajuku.co.jp/　●**e-mail**：info@kimurajuku.co.jp
●**代表者**：木村吉宏（きむら·よしひろ）
●**創業**：1986年（法人設立1989年）　●**従業員数**：〈正社員〉125名
●**資本金**：1000万円　●**売上高**：21億円（19年5月期実績）
●**事業内容**：小·中学生指導の進学塾，大学受験予備校，個別指導塾·私立中学受験指導
●**事業所**：兵庫県（尼崎市·伊丹市·西宮市·宝塚市），大阪府（池田市·豊中市·吹田市）に31拠点（2019年春3校を新規開校）
●**職種**：小·中学生講師，東進衛星予備校教室スタッフ，個別指導教室スタッフ
●**初任給**：22万円　●**諸手当**：時間外手当·責任者手当·家族手当 他
●**30歳モデル賃金**：月給32万円＋賞与（年収503万円）　●**賞与**：基本給5カ月分（平均）
●**勤務時間**：13:30～22:30（実働8時間）
●**休日休暇**：年間休日110日（18年実績）＋有給休暇／初年度10日·最大20日
●**福利厚生**：各種社会保険完備，退職金制度，出産·育児休暇制度など，〈保養所〉ホテルエクシブ会員
●**教育制度**：DMC研修（人前で話をする上でのトークスキル研修），教務研修（授業技術に関する研修），コーチング研修（日本青少年育成協会主催のコーチング研修に参加）他，進路·生徒指導研修，OJTによる実務研修など
●**女性待遇／女性の最高役職**：女性再雇用制㊒／次長２名（小学部統括責任者·高等部部長代理）

○**採用実績と予定**	大卒（男女）
18年実績	10名
19年実績	17名
20年4月入社予定	14名

○**採用実績校**：〈五十音順〉大阪，大阪市立，大阪教育，大阪女学院，岡山，金沢，関西，関西学院，関西外国語，京都大学院，京都女子，京都府立，甲南，神戸，神戸学院，神戸女子，東京学芸，同志社，奈良女子，佛教，武庫川女子，立命館，早稲田，慶應 他
○**新卒採用形態**：通年採用　○**中途採用**：あり　○**採用試験科目**：適性検査·面接·専門教科
○**資料請求先**：本社所在地に同じ
○**採用担当部署／担当者**：運営統括部／義根（よしもと）☎06-6316-0777

ひと言わが社自慢　弊社は創業以来「勉強が苦手な子，普通の子が成績の上がる塾」そして，「生徒達が人として成長できる塾」を教育理念としてきました。この理念を進化·深化させながら，「理想の塾創り」として位置づけ，本気で取り組んで参りました。

特に近年は，「人生の勝利の方程式七カ条」（本編の内容参照）を軸にした取り組みが成果を出しています。これまでは，勉強もあまりできる方ではなく「自分はこれくらいの人間」と限界ラインをひいてしまっている子どもたちに，信念を持って「未来はいくらでも変えることができる。」ことを生徒達に語り続けます。また，「何のために勉強をするのか」「勉強を通して得られる人としての成長が何であるか」，そういった根源的な事柄について理解·体感することで，生徒達は自身のあり方を根本から変えていきます。そうして，変わった子たちは自ずと成績もぐんぐん伸び始めます。こうした子どもたちが，多く出せていることは弊社の一番の自慢です。

これまで築いてきた基盤を元に木村塾を更に深化させ広めていくことが，より多くの子どもたちを幸せにし，また社会に貢献できる人材をより多く輩出することに繋がる，こうした使命感と壮大な夢をやりがいとして仕事ができる会社です。

NODAJUKU 野田塾

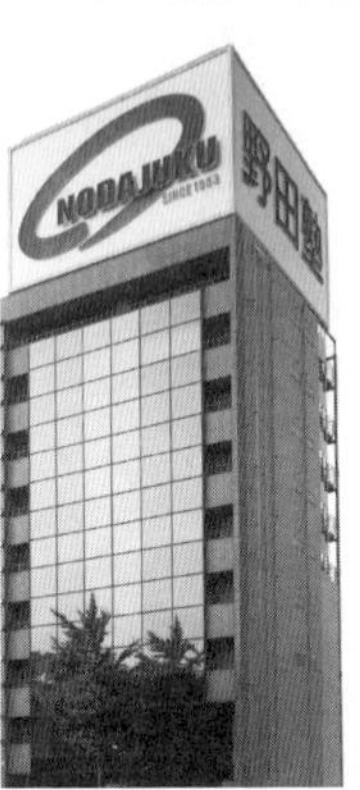

●**塾名**：野田塾
●**法人名**：株式会社 野田塾
●**本社**：〒496-0047 愛知県津島市西柳原町3-1
☎0567-24-2603　FAX.0567-24-2616
〈名古屋総本部〉
〒461-0004 愛知県名古屋市東区葵3-11-3
☎052-930-1120　FAX.052-930-1124
●**URL**：http://www.nodajuku.co.jp
●**e-mail**：recruit@nodajuku.co.jp
●**代表者**：代表取締役社長 野田真彦（のだ・ただひこ）
●**創業**：1953年（法人設立1978年）
●**従業員数**：〈正社員〉200名／男性156名，女性44名
●**資本金**：9000万円
●**売上高**：35億8472万円（19年2月期決算）
●**生徒数**：約12,000名（19年度）
●**事業内容**：小学部・中学部・個別指導部・中学受験部・高校部・七田式幼児教室・アカデミアの運営，教育タブレット（nPad）の開発・運営，全国模擬授業大会in名古屋の主催・運営、高校入試に向けた受験講演会の主催・運営など
●**事業所**：愛知県下に64校舎
●**職種**：一斉指導担当の専任講師，高校部・個別指導部の運営スタッフ
●**初任給**：〈大学院卒〉22万600円，〈大卒〉21万5000円，〈短大卒〉20万2500円（月額）
●**30歳モデル賃金**：年収約580万円（校長）
●**賞与**：年間5.15カ月（年3回）※18年度実績
●**勤務時間**：13:30〜22:30（実働8時間）
●**休日休暇**：年間休日約105日，週休2日制（原則 日・月），祝日，有給休暇，慶弔等特別休暇
●**福利厚生**：社会保険完備（健康保険，厚生年金保険，雇用保険，労災保険），退職金制度，慶弔見舞金制度，定期健康診断，リゾートトラスト・エクシブ会員，社員旅行，その他
●**女性待遇／女性の最高役職**：女性再雇用制㊒／本部長

○**採用実績と予定**	大卒（男女）
18年4月実績	6名／男性4名，女性2名
19年4月実績	8名／男性4名，女性4名
20年4月入社予定	5名／男性1名，女性4名

○**採用実績校**：名古屋，愛知教育，名古屋市立，愛知県立，岐阜，三重，南山，名城，中京，愛知，立命館，富山，広島，愛知学院，愛知淑徳，山梨，関西，滋賀，高知，岐阜聖徳学園，静岡 他
○**新卒採用形態**：オープンエントリー制　○**中途採用**：有（随時）
○**採用試験科目**：面接，筆記試験，模擬授業，適性検査
○**資料請求先**：〒461-0004 愛知県名古屋市東区葵3-11-3 ㈱野田塾 名古屋総本部 人事部
○**採用担当部署／担当者**：人事部／山田涼，横，石黒 ☎052-934-7030

人事部のホンネ 私たちは未来を担う子どもたちに，「学ぶ楽しさ」「努力の大切さ」を伝え，将来優れた社会人として幸福な人生を歩めるよう導いています。ただ単に学力を上げるのではなく，子どもたちの人間性を育てることを目指し，日々情熱指導に励んでいます。

子どもと一緒に自分も成長できる，やりがいに満ちた教育を一生の仕事にしたい，という人は，ぜひ野田塾でその夢を叶えてください。

株式会社 ビジュアルビジョン

●**塾名**：こうゆうかん, THE義塾
●**法人名**：株式会社 ビジュアルビジョン
●**本社**：〒330-0845 埼玉県さいたま市大宮区仲町1-54-3
ビジョナリーIII8階 ☎048-640-4300　FAX.048-640-4512
●**URL**：http://www.visualvision.co.jp
●**代表者**：井沢 隆(いざわ・たかし)
●**創業**：1976年(法人設立1985年)
●**従業員数**：〈正社員〉145名　●**資本金**：7860万円
●**売上高**：86億2000万円
●**事業内容**：教育事業, 図書出版事業, 介護福祉事業, 不動産開発・不動産事業, 料飲事業, 他
●**事業所**：埼玉県42校舎, 東京都3校舎, 茨城県1校舎, 群馬県2校舎
●**職種**：教師職
●**初任給**：大卒教師職21万5000円
●**諸手当**：アンケート手当, 職務手当, 住宅手当, 家族手当, 調整手当, 役付手当
●**賞与**：年2回(7月, 12月)※実績4.3カ月　●**30歳モデル賃金**：35万5000円(入社7年目 校長)
●**勤務時間**：13:30～22:30
●**休日休暇**：年間105日(シフト制), 永年勤続, 社員記念日休暇
●**福利厚生**：健康保険, 厚生年金保険, 雇用保険, 労災保険, 退職金制度, 育児介護休業制度, 永年勤続休暇制度, 社員記念休暇制度, 持家促進住宅ローン利子補給制度, 従業員家族授業料割引制度, 社員研修旅行, クルーザー保有〈保養所〉石打リゾート, 迎賓館
●**教育制度**：内定者研修, 新入社員研修, 授業研修, 熱海研修
●**女性の最高役職**：ブロック長(塾部門)
○**新卒採用形態**：通年　○**中途採用**：有
○**採用試験科目**：適性検査, 筆記試験, 面接, 他　○資料請求先：本社住所と同じ
○**採用担当部署／担当者**：管理本部 人事採用室／須藤, 野崎 ☎048-640-4300

先輩社員インタビュー　**こうゆうかん　中川 綾(なかがわ・あや)さん**

★最下位からのスタート"遅咲き校長"の鴻巣校への想い

「私、最初の生徒アンケートの結果が最下位からのスタートだったんですよ(笑)。だから校長になれるまでに5年間もかかってしまったんです」

こうゆうかんの校長になるには、立候補が必要となる。立候補会議では複数名の校長を前にプレゼンテーションを行い、本人のやる気、生徒アンケート、当日の発表内容から「この人なら校舎を任せられる」と判断されると晴れて校長として承認されるのだ。ただし、承認後も校長の権利を得たというだけであって、即校長になれるとは限らない。早い者では新卒2年目で校長となる社員もいる中で、中川は校長になるまでに2度の失敗と5年もの歳月を要したという。

「3回目のチャレンジの時には、生徒アンケートの結果が上がっていたことと、鴻巣校の副校長になっていたので、校舎運営についても少しわかりはじめていたのが大きいですね」

じっくりと時間をかけ、着実に実力を積み重ね、校舎運営についてのノウハウも蓄積する中で、やっとの想いでつかんだ念願の鴻巣校校長。それだけに中川の鴻巣校への思い入れは強い。

「今のところは別の校舎や別のポジションを目指すという気持ちはありません。というより、今は鴻巣校の校長としてきちんと結果を出すことが最大の目標ですね。鴻巣校は伝統校舎で、実績を出せる校舎としても地域からの信頼が厚い。その信頼にこたえ続けていくために何が必要か。みんなといつも考え続けています」

従業員には"いつも明るく元気に前向きに"と伝えているという中川。そんな彼女のまっすぐな想いが社員や生徒たちに伝わっていくことで、伝統校の看板はこれからも守られ続けられるのだろう。話し終えると、中川の顔にまた人懐っこい笑みが戻った。

eisu group

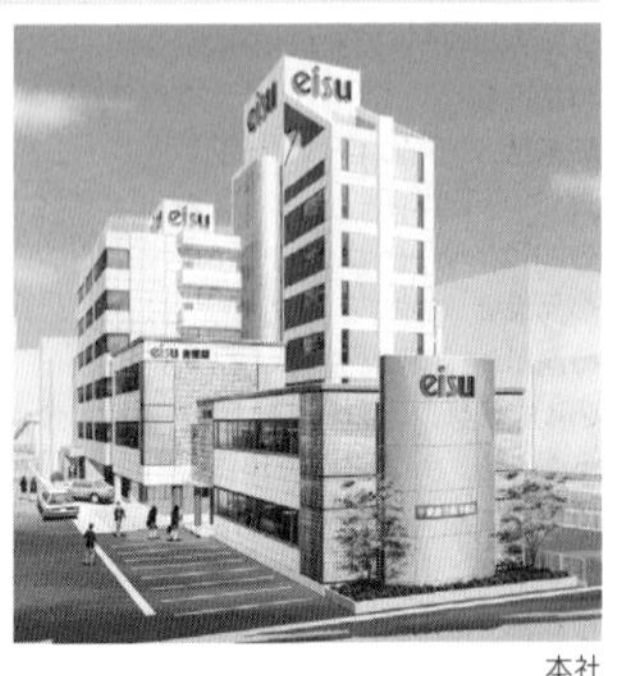

本社

●塾名：eisu小中部，eisu高校部（東進中学NET・東進衛星予備校），nice，セイン英語ジム，パズル道場，反復演習ジムeトレ & eドリル，eisu個別指導会E・MEG，東大個別指導会T・MEG

●法人名：㈱鈴鹿英数学院，㈱えいすう総研，㈱えいすうメディア，㈱エイスウ

●本社：〒514-0006 三重県津市広明町337
☎059-227-6444（代）　FAX.059-227-6503

●URL：eisuのホームページ
http://www.eisu.co.jp
えいすう総研のホームページ
http://www.eisusouken.co.jp

●e-mail：mail@eisu.co.jp

●代表者：山本千秋（やまもと・ちあき）

●創業：1965年（法人設立1984年）　**●従業員数**：〈正社員・グループ計〉635名

●資本金：1億2000万円　**●売上高**：81億4700万円（18年度）　**●経常利益**：9億1400万円（18年度）

●事業内容：小学生・中学生・高校生の進学指導・個別指導，自立学習型教育コンテンツの開発・運営，入試ガイドの企画・制作・販売，教材の企画・開発・販売，全国民間教育経営者のための経営開発クラブ「エイスウClub」主催・運営，公開模擬テストの主催・運営，スポーツ・文化イベントの主催・運営，研修（宿泊）施設・医療施設・不動産の賃貸施設の経営 他

●事業所：〈三重〉県下全域〈愛知〉名古屋，豊田，西尾〈静岡〉掛川〈東京〉千代田区，港区，新宿区，世田谷区，杉並区

●福利厚生：〈研修（宿泊）施設〉eisu倶楽部 湯の山・鳥羽・京都・箱根

●職種：〈総合職〉小・中・高教務〈一般職〉総務・企画編集・営業職 他

●初任給：〈4大卒〉総合職22万4000円，一般職21万2000円

●賞与：成果賞与・年2回，業績賞与・年1回＋インセンティブ

●30歳モデル賃金：〈4大卒〉総合職年収600万円，一般職年収500万円

●勤務時間：週5日制（週休2日制）で実働時間は週38時間

●有給休暇：初年度10日・最高20日　**●女性の最高役職**：役員2名，女性役職者数24名

○採用実績と予定	大学（院）卒業男女
18年実績	15名／男性9名，女性6名
19年実績	13名／男性7名，女性6名
20年4月入社予定	11名／男性7名，女性4名

○採用実績校：東京，京都，大阪，東北，東工，東京外，名古屋，広島，筑波，横浜国立，金沢，三重，静岡，奈良女，早稲田，慶應義塾，上智，明治，立教，法政，中央，青山学院，東京理科，南山，同志社，立命館，関西，関西学院，他

○**新卒採用形態**：通年　○**中途採用**：有　○**採用試験科目**：面接，筆記　○**資料請求先**：本社所在地に同じ

○**採用担当部署／担当者**：採用・研修／前川（まえがわ），国武（くにたけ），田中（たなか）☎059-227-6444

ひと言わが社自慢　三重県を拠点に，愛知・静岡・東京……と全国に向けてステージを拡張し，生徒数はセイン・パズル・eドリルなどを含め3万人を超えましたが，私たちが常に目指すのは『『個』への対応」。子供たちが100人集まれば100通りの夢があり，100通りの生き方がある。その一人ひとりの輝く個性を十分に引き出すには，画一的な学習指導を行うだけの「塾」という概念を打ち破るべきです。子供たちに本当に必要な教育とはどのようなものであるかを真剣に考え，常に新しい発想で教育スタイル・システムを改善・開発・導入していくという果敢な姿勢を持ち続けることは，民間教育機関としての使命であると考えます。もちろん，どんなに素晴らしい教育システムであっても，そこに「心」がなければ，それは教育とはいえません。私たちはこの理念を忘れることなく，高い理想を掲げて，これからも子供たちの未来のためにチャレンジし続けます。

●**塾名**：うすい学園
●**法人名**：株式会社 うすい
●**本社**：〒370-0044 群馬県高崎市岩押町21-2
☎027-310-1919　FAX.027-310-1908
●**URL**：http://www.usuigakuen.co.jp
●**e-mail**：saiyo@usuigakuen.co.jp
●**代表者**：柴崎龍吾(しばさき・りゅうご)
●**創業**：1975年(法人設立1989年)
●**従業員数**：〈正社員〉100名／男性55名, 女性45名
●**資本金**：2000万円
●**売上高**：17億5059万円(19年2月期決算)
●**事業内容**：幼児・小・中・現役高校生対象の小・中・高一貫の総合進学塾 ●集団指導の進学塾「うすい学園小中高等部」の運営 ●「ウィル個別指導学院」の運営 ●幼児・小学生対象のネイティブと英会話を学ぶ英会話スクール「アイムイングリッシュ・スクール」の運営 ●東進衛星予備校の運営 ●Pisa塾の運営
●**事業所**：〈教室〉本部(群馬県高崎市), うすい学園・ウィル個別指導学院教室(高崎市, 前橋市, 伊勢崎市, 藤岡市, 安中市, 太田市, 玉村町), 東進衛星予備校(高崎市, 伊勢崎市, 前橋市, 太田市), Pisa塾(さいたま市)
●**職種**：講師職, インストラクター職, 事務職
●**初任給**：〈講師職〉院卒24万7000円, 大卒24万円〈インストラクター職・事務職〉20万500円(19年新卒実績)
●**30歳モデル賃金**：28万円
●**賞与**：年2回
●**勤務時間**：講師職13:30～22:30, インストラクター職・事務職10:00～19:00または11:00～20:00
●**休日休暇**：週休2日制(日曜, 他指定曜日), 年間休日数110日, 夏期休暇(7～9日), 年末年始休暇(4～5日), GW休暇(7～9日), 年次有給休暇, 慶弔休暇, 創立記念日(3日)
●**福利厚生**：退職金制度, 親睦会, 健康診断(年1回), 産休・育休制度, 社会保険, 男女別社宅完備, 永年勤続表彰制度, 車輌購入支援制度, 研修制度充実
●**女性待遇／女性の最高役職**：女性再雇用制㊒／エリア長
●**諸手当**：超過勤務手当, 通勤交通費(全額支給), 講習手当, 扶養手当

○**採用実績校**：慶應義塾, 早稲田, 法政, 明治, 国際基督教, 立教, 筑波, 青山学院, 東洋, 東京外国語, 東北, 新潟, 茨城, 東京, 学習院, 北里, 京都, フェリス女学院, 中央, 東京農業, 東京理科, 他(直近3年)

○**新卒採用形態**：オープンエントリー制　○**中途採用**：有(随時)

○**採用試験科目**：国・数・英(1教科選択), 適性試験, プレゼンテーション, 面接など

○**資料請求先**：本社所在地に同じ

○**採用担当部署／担当者**：サポート部採用担当／山口 ☎027-310-1919

先輩社員インタビュー　――**実際に働いている先輩たちの生の声です**――

★アットホームで笑いの絶えない職場。学園長に「近い」ので意見を言いやすいのも特徴です。また, 各エリアごとに仕事が任されるので, チームワークが養われます。
★男女格差がありません。全社員の約半数が女性。小中学部エリア長や研修を担当する研修長の中には女性もいます。もちろん教室責任者にも女性社員が多数。
★若手ほどたくさんチャンスがあります。中には若手だけに回ってくる仕事も……。そのチャンスを掴み取って3年目から教室責任者に就く社員もいます。
★福利厚生も行きとどいており, 社宅の完備や, 年間110日の休みなど, しっかり整っています。社員が健康であることも会社にとって大事なことです。

株式会社 **水王舎**

●**塾名**：出口式みらい学習教室，出口塾（直営）
●**法人名**：株式会社 水王舎
●**本社**：〒160-0023 東京都新宿区西新宿8-3-32 カーメルⅠ 301号
☎03-6304-0201　FAX.03-6304-0252
●**URL**：https://www.deguchi-mirai.jp/
●**e-mail**：info@deguchi-mirai.jp
●**代表者**：出口 汪（でぐち・ひろし）
●**創業**：2000年
●**従業員数**：〈正社員〉10名
●**資本金**：3000万円
●**売上高**：4億円
●**事業内容**：幼児～小学生対象の塾事業，中学・高校・塾を対象とした教材販売，図書出版事業
●**事業所**：東京・大阪
●**職種**：教師職・営業職・編集職
●**初任給**：20万5000円
●**諸手当**：残業手当，勤続手当，職能手当
●**賞与**：年2回（7月・12月）
●**福利厚生**：健康保険，厚生年金保険，雇用保険，労災保険，退職金制度，育児・介護休暇制度
●**勤務時間**：9:30～17:30
●**休日休暇**：120日
●**女性の最高役職**：取締役

○**新卒採用形態**：本年度から採用　○**中途採用**：有　○**採用試験科目**：筆記，面接，他

○**資料請求先**：本社所在地に同じ○**採用担当部署／担当者**：総務部／瀬戸 ☎03-6304-0201

○**問い合わせ**：http://www.suiohsha.jp/contact/

こんな人財が欲しい、こんな人財に来て欲しい　水王舎は3つの柱があります。幼児童期から将来を見据えた新しい教育に取り組む」『出口式みらい学習教室』，小学生・中学生・高校生を対象にすべての教科の土台となる言語力，論理力を鍛えるための画期的な言語プログラムの「論理エンジン」，長文読解問題に論理を用いて解答できる「出口式」メソッドの参考書，また世に問題を問いかけ，ハッとするような書籍を刊行し，ベストセラー，ロングセラーをめざしていく「図書出版」です。

私たちは日本の教育を根本から変えたいと考え，「論理」という観点で教育の新しい仕組みづくりに取り組んでいます。今の子どもたちの未来を考えたときに，日本の社会がさらには世界中がどのように変化していくのかをしっかりと予測し，把握することが必要となります。彼らが将来，社会で活躍する頃には一体どんな社会になっているのか，そこではどんな能力が必要なのか，そのためにはどんな内容の学習をどのような順番で，どのような方法で与えればいいのか。教育に携わるからには，そこまで考えなくてはならないと思っています。そして社員一人一人が「論理」を通してこれからの子どもたちに新しい教育を与えていく社会的意義を感じながら仕事をしています。

「幼児を相手の仕事がしたい」，「問題作成をしてみたい」，「編集の仕事がしてみたい」，「全国の学校，塾に教材を広めたい」，「海外で仕事がしてみたい」，「ベストセラーを出してみたい」，「塾の運営をやってみたい」など水王舎は自分の可能性を最大限に発揮できる会社です。「論理」を通した事業は日本国内から海外へと今後ますます広がっていきます。若い人たちのアイデアでさらなる飛躍を可能にできるダイナミックさがこの会社の強みです。発想力が豊かな人，積極的に行動する人，固定概念を覆す人，明るい人，ITに詳しい人，子供が大好きな人，教えることが好きな人……など出口汪と一緒に本気で子供たちの未来の教育について考えていける様々な人材を求めています。

株式会社 千学館

●**塾名**：京大個別会SOROBAN塾ピコ
●**法人名**：株式会社 千学館
●**本社**：〒251-0016 神奈川県藤沢市弥勒寺2-5-7 ハナミズキB棟3号室
☎0466-53-9030　FAX.0466-53-9031
●**URL**：https://kobetukai.com
〈PICO CHANNEL　YouTube〉
https://www.youtube.com/channel/UCTdJxM__-SYL_0Pme6g9nsg/videos
●**e-mail**：mail@kobetukai.com
●**代表者**：孝橋 一（たかはし・はじめ）
●**創業**：2001年4月2日
●**資本金**：300万円
●**売上高**：1億円
●**事業内容**：現役京都大学生によるインターネット予備校
そろばん教室会員組織（PICOグループ）の運営
教材＆アプリ開発・販売
●**事業所**：【シリウス事業部】（本社所在地に同じ）
【京大個別会事業部】
〒606-8356 京都府京都市左京区石原町280-2 グランタック東山二条201
☎075-762-1161　FAX.075-762-1162

将来役に立つ習い事は何かしら？
①

そうだ
ピコに行こ。
②

まずはそろばんから！
③

珠算は2級、
暗算は段位まで取るぞ～！
④

次は最強タブレットピコあんよ
567
× 23
⑤

京大合格
ピコのえいごで4技能もマスターしたし、
いよいよ受験勉強だ
⑥

⑦

⑧

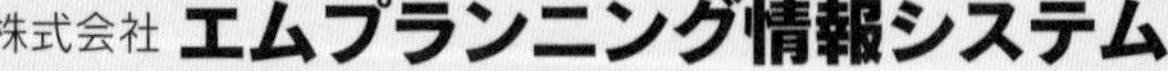

株式会社 エムプランニング情報システム

●**法人名**：株式会社 エムプランニング情報システム
●**本社**：〒105-0003 東京都港区西新橋1-9-1 ブロドリー西新橋4階
●**URL**：https://www.mplanning-info.com
●**e-mail**：mp-support@mplanning-info.com
●**代表者**：南 勲（みなみ・いさお）
●**創業**：2006年4月6日
●**従業員数**：〈正社員〉10名
●**資本金**：1000万円
●**事業内容**：塾・教育に関するシステム、ソフトウェアの開発並びに販売
●**事業所**：本社所在地

紹介した機能以外にも、塾運用の希望に合わせたカスタマイズも可能、塾独自のシステムとしての開発も承っている。自社で開発すると膨大なコスト、時間がかかってくるが、Growの既存の機能を生かし、長年の塾運用実績を元に、塾独自のスタイルに合わせた開発ができるため、リスクが少ない。

システム開発にお困りであれば、相談する先として最適だ。

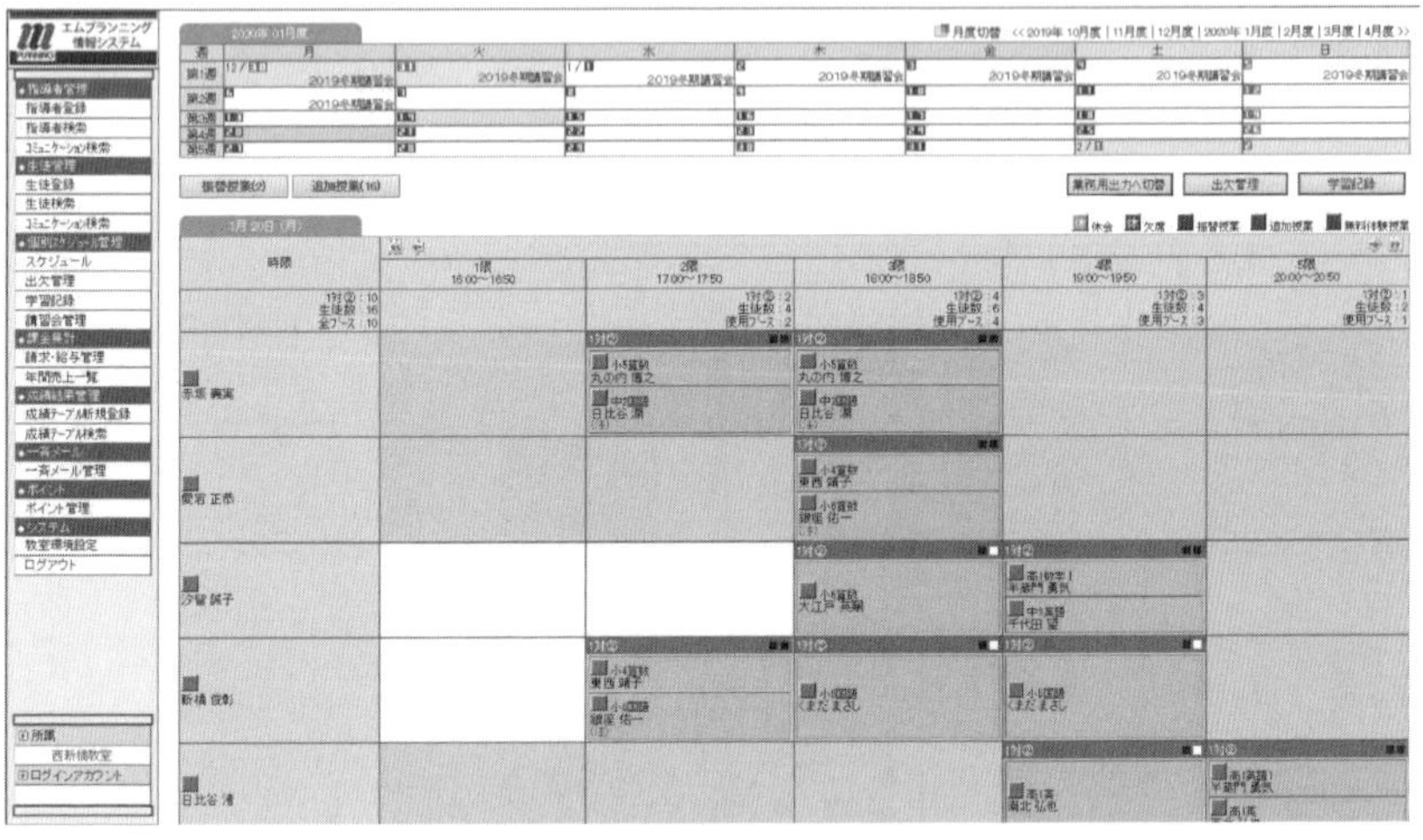

ウィザス

●企業名：株式会社 ウィザス
●塾ブランド：第一ゼミナール，ファロス個別指導学院／個別指導トピア，第一ゼミパシード，SUR大学受験合格指導会，SUR，ブルードルフィンズ，ブルードルフィンズアフタースクール
●本社：〒541-0051 大阪市中央区備後町3丁目6番2号 KFセンタービル4F ☎06-6264-4200
●URL：http://www.with-us.co.jp/
●e-mail：webmaster@with-us.co.jp
●代表者：生駒富男
●創業年：1976年
●資本金：12億9937万円
●株式：公開
●売上高：169億5800万円（19年3月期）
●従業員数：3012名（内 正社員812名）※19年3月末
●教場数：229校
●展開都道府県：大阪，京都，奈良，兵庫，岐阜，和歌山，広島
●塾生数：2万6974名
●事業内容：総合教育サービス企業として，次の教育サービスを主たる事業として営む。①幼児から高校生までを対象とする教科学習指導・進学受験指導並びに能力開発指導を行う「学習塾事業」，②広域通信制単位制高等学校の運営及び高等学校卒業程度認定試験（高認）合格のための受験指導を行う「高校・キャリア支援事業」

成学社

●企業名：株式会社 成学社
●塾ブランド：開成教育グループ
●本社：〒530-0015 大阪府大阪市北区中崎西3-1-2 開成梅田ビル5Ｆ ☎06-6373-1526
●URL：http://www.kaisei-group.co.jp/
●代表者：永井 博
●創業：1982年（法人設立1987年）
●資本金：2億3510万円
●株式：公開
●売上高：119億円（19年3月期）
●従業員数：正社員650名（従業員約5,000名 非常勤講師含む）
●展開都道府県：大阪，兵庫，京都，滋賀，奈良，東京
●塾生数：2万6000名
●事業内容：小・中・高校生対象の双方向対話型クラス指導「開成教育セミナー」「エール進学教室」，中学受験専門のクラス指導「開成ベガ」，難関国公立大学にも対応できるライブのクラス指導「開成ハイスクール」，本物志向の個別指導「個別指導学院フリーステップ」，完全マンツーマン形式の個別指導「ハイグレード個人指導Sophia」「アルスポート」，代ゼミ名物講師の授業をVODで受講できる「開成教育グループ 代ゼミサテライン予備校」，映像授業配信システム「開成 NET」，新型学童保育事業「かいせいこどもスクール」，少人数制の認可外保育園「かいせい保育園」，認可型小規模保育園「かいせいプチ保育園」

浜学園

●企業名：株式会社 浜学園
●塾ブランド：進学教室 浜学園
●本社：〒662-0832 兵庫県西宮市甲風園1-5-24 ☎0798-64-1912
●URL：http://www.hamagakuen.co.jp/
●e-mail：hama-recruiting@hamagakuen.co.jp
●代表者：竹森勝俊
●創業：1959年
●資本金：〈グループ計〉5億5000万円
●株式：非公開
●売上高：〈グループ計〉96億円（18年6月期）
●従業員数：〈グループ計〉492名
●教場数：41教室
●展開都道府県：兵庫，大阪，京都，滋賀，奈良，愛知，和歌山，岡山，神奈川，東京
●事業内容：学習塾の経営（中学受験部門「進学教室 浜学園」，個別指導部門「Hamax」，幼児教育部門「はまキッズ」，大学受験部門「河合塾マナビス」，自学自習部門「はま道場」，海外事業部門「台湾浜学園」），各種模試の実施

リソー教育グループ

●企業名：株式会社 リソー教育
●塾ブランド：TOMAS，メディックTOMAS 他
●本社：〒171-0031 東京都豊島区目白三丁目1-40 ☎03-5996-3071
●URL：http://www.riso-kyoikugroup.com/
●代表者：平野滋紀
●創業：1985年
●資本金：28億9041万円
●株式：公開
●売上高：〈グループ計〉244億9617万円（19年2月実績）
●従業員数：〈グループ計〉848名（19年2月末）
●事業内容：トーマス（=TOMAS）を直営方式で運営。個々の生徒の学習速度に応じて作成したオリジナルカリキュラムをベースに，教科別講師1人が生徒1人を教える1対1の個別指導方式により，小学生，中学生，高校生を対象とした学習・進学指導を行う。また，（株）インターTOMAS，（株）プラスワン教育，（株）名門会，（株）伸芽会，（株）スクールTOMAS，（株）TOMAS企画の6つの子会社を含めたリソー教育グループとしてのスケールメリットを最大限に生かし，「人間総合 生活情報サービス業」を構築している。

明光ネットワークジャパン

●**企業名**：株式会社 明光ネットワークジャパン
●**塾ブランド**：明光義塾
●**本社**：〒160-0023 東京都新宿区西新宿7-20-1 ☎03-5860-2111（代表）
●**URL**：https://www.meikonet.co.jp/
●**e-mail**：saiyou@mnet.meikonet.co.jp
●**代表者**：山下一仁
●**創業**：1984年
●**資本金**：9億7251万円
●**株式**：公開
●**売上高**：199億6700万円（19年8月期）
●**従業員数**：880名（連結）
●**教場数**：1937教室
●**展開都道府県**：全国展開
●**塾生数**：11万3081名
●**事業内容**：「明光義塾」運営（日本初の個別指導塾），「早稲田アカデミー個別進学館」運営（高学力層向け個別指導塾），「明光サッカースクール」運営（プロコーチが指導するサッカースクール），「明光キッズ」運営（長時間預かり型学習塾〈学童保育〉），各事業ブランドのフランチャイズ展開

ナガセ

●**企業名**：株式会社 ナガセ
●**塾ブランド**：東進ハイスクール，四谷大塚，早稲田塾 他
●**本社**：〒180-0003 東京都武蔵野市吉祥寺南町1-29-2 ☎0422-45-7011（大代表）
●**URL**：http://www.toshin.com/nagase/
●**e-mail**：jinji@toshin.com
●**代表者**：永瀬昭幸
●**創業**：1971年（法人設立1976年）
●**資本金**：21億3800万円
●**株式**：公開
●**売上高**：456億8200万円（19年3月期）
●**従業員数**：〈正社員・グループ計〉1205名
●**展開都道府県**：東京，神奈川，千葉，埼玉，茨城，静岡，長野，奈良
●**事業内容**：中学受験の「四谷大塚」，大学受験の「東進ハイスクール」「東進衛星予備校」は抜群の合格実績をあげている。2016年4月より東大特進コースを東進ハイスクールから独立させ「東進東大特進コース」として強化。また，3才～12才対象の「東進こども英語塾」，中学生対象の「東進 中学NET」，大学生・社会人対象の「東進ビジネススクール」，AO・推薦入試に力を発揮する大学受験塾「早稲田塾」など，幼・小・中・高・大・社会人の一貫した教育体系を構築。また「イトマンスイミングスクール」では，日本初となるオリンピック仕様公認競技用プール「AQIT（アキット）」が完成した。

ベネッセコーポレーション

●**企業名**：株式会社 ベネッセコーポレーション
●**塾ブランド**：進研ゼミ，こどもちゃれんじ 他
●**本社**：〒700-0807 岡山市北区南方3-7-17 ☎086-225-1100（代）
●**URL**：http://www.benesse.co.jp/
●**e-mail**：bc-saiyou@mail.benesse.co.jp
●**代表者**：安達 保
●**創業**：1955年
●**資本金**：30億円
●**株式**：公開
●**売上高**：〈グループ計〉4394億3100万円（19年3月期）
●**従業員数**：2300名
●**事業内容**：「進研ゼミ」，「ベルリッツ」，「たまごクラブ」「ひよこクラブ」，高齢者向けホーム及び高齢者向け住宅の運営，他。2018年度から5カ年の中期経営計画「変革と成長 Benesse2022」をスタート。国内の少子高齢化や教育・入試改革、学びの多様化など外部環境が大きく変化する中、「変革と成長」をスローガンに、既存事業の成長とM&Aを活用した新たな事業の拡大を進めることで、ベネッセグループのさらなる成長を目指す。

Z会グループ

●**企業名**：株式会社 Z会
●**塾ブランド**：Z会グループ
●**本社**：〒411-0943 静岡県駿東郡長泉町下土狩105-17 ☎055-976-9711（代表）
●**URL**：https://www.zkai.co.jp/
●**e-mail**：saiyo@zkai.co.jp
●**代表者**：藤井孝昭
●**創業**：1931年（法人設立2000年）
●**資本金**：1億円
●**株式**：公開
●**売上高**：770億9000万円（19年度計画値）
●**従業員数**：2886名（正社員・19年3月末のグループ計）
●**教場数**：1157教室（19年3月末）
●**展開都道府県**：東京，横浜，埼玉，大阪，京都，神戸
●**塾生数**：33万7000名（18年度実績・会員含む）
●**事業内容**：幼児〜社会人を対象にした通信教育，学習参考書・問題集・語学書の出版・販売，進学教室（塾）の運営，映像教材・コースによる教育，模擬試験の実施，国語力検定の運営，教室で直接指導を行う教室事業，「速読英単語」などのベストセラーで知られる出版事業，映像教材の提供，中高生向け「iPadスタイル」，小学生向け「タブレットコース」などのタブレット学習サービス

市進グループ

●企業名：株式会社 市進ホールディングス
●塾ブランド：市進学院，市進予備校 他
●本社：〒272-8518 千葉県市川市八幡2-3-11 ☎03-3818-0611
●URL：http://www.ichishin.co.jp
●e-mail：jinzai@ichishin.co.jp
●代表者：下屋俊裕
●創業：1965年（法人設立1975年）
●資本金：14億7535万円
●株式：公開
●売上高：〈グループ計〉164億1000万円（19年2月期）
●従業員数：764名、臨時従業員3863名（連結19年2月末）
●教場数：500拠点以上
●展開都道府県：千葉，東京，茨城
●塾生数：3万9599名（2019年2月）
●事業内容：小・中学生向け学習塾「市進学院」，現役高校生向け「市進予備校」，個別指導「個太郎塾」，家庭教師派遣「プロ家庭教師ウイング」，Web授業「ウイングネット」，小学受験・幼児教育「桐杏学園」，民間学童施設「ナナカラ」，茨城県内塾「茨進ゼミナール」「茨進ハイスクール」などの教育事業，日本語学校，海外事業，高齢者向けサービス事業など業態を拡大

早稲田アカデミー

●企業名：株式会社 早稲田アカデミー
●塾ブランド：早稲田アカデミー
●本社：〒171-0014 東京都豊島区池袋2-53-7 ☎03-3590-8311
●URL：http://www.waseda-ac.co.jp/
●e-mail：waseda-ac17@gakunavi.net
●代表者：古田信也
●創業：1974年11月（法人設立1975年7月）
●資本金：9億6874万円
●株式：公開
●売上高：238億1472万円（19年3月期）
●従業員数：877名（19年3月期）
●教場数：162校（19年4月末／早稲田アカデミー155校 野田学園2校 水戸アカデミー1校 集学舎4校）
●展開都道府県：東京，神奈川，埼玉，千葉，茨城
●事業内容：小学生・中学生・高校生を対象とした進学塾の経営，現役教員・教員志望者を対象とした社会人研修事業，英語英才教育プログラムの開発・運営，教育・研修コンテンツの販売，受験情報誌の発刊・イベントの運営，私立学校・自治体からの受託授業

昴

●**企業名**：株式会社 昴
●**塾ブランド**：昴，受験ラサール，昴高等部，すばる個別指導
●**本社**：〒892-0846 鹿児島県鹿児島市加治屋町9-1 ☎099-227-9504
●**URL**：http://subaru-net.co.jp/
●**e-mail**：saiyou@subaru-net.com
●**代表者**：西村道子
●**創業**：1965年（法人設立1972年）
●**資本金**：9億9075万円
●**株式**：公開
●**売上高**：34億5300万円（19年2月期）
●**従業員数**：284名（19年2月）
●**教場数**：66校（鹿児島36校・宮崎15校・熊本11校・福岡4校）
●**塾生数**：1万1000名
●**事業内容**：年長児・小学生・中学生・高校生を対象とした学習および受験指導（昴・受験ラサール・すばる 個別指導・昴高等部），各種模試（全九州模試，全九州学力テスト，その他），昴合宿，各種検定

臨海セミナー

●**企業名**：株式会社 臨海
●**塾ブランド**：臨海セミナー，臨海セレクト，臨海グローバル
●**本社**：〒221-0056 神奈川県横浜市神奈川区金港町8-8 ☎045-441-3759
●**URL**：https://www.rinkaiseminar.co.jp
●**代表者**：佐藤博紀
●**創業**：1974年9月（法人設立1980年4月）
●**資本金**：6000万円
●**株式**：公開
●**売上高**：186億6900万円（19年3月期）
●**従業員数**：正社員1226名（19年9月）
●**展開都道府県**：神奈川・東京・千葉・埼玉・大阪
●**塾生数**：5万9025名（19年9月）
●**事業内容**：小学生から社会人まで、幅広い年代への学習指導・支援を行う。学習習慣と基礎学力の定着を目的とした「臨海セミナー 小中学部（集団）」，国私立中学校合格を目的とした「臨海セミナー ESC中学受験科（集団）」，難関国私立高校・公立トップ校への合格を目標にした「臨海セミナー ESC高校受験科（集団）」，現役大学合格を目指す「臨海セミナー 大学受験科（集団）」，小学生から高校生までを対象とした個別指導コース「臨海セレクト（個別）」，大学生～社会人対象のTOEIC指導専門コースの「臨海グローバル」を用意。その他，私立高校への委託授業，学習教材の企画・開発，英検・数研・漢検の受験支援（文部科学省認可）など。

ステップ

●**企業名**：株式会社 ステップ
●**塾ブランド**：ステップ
●**本社**：〒251-0052 神奈川県藤沢市藤沢602 ☎0466-20-8005
●**URL**：http://www.stepnet.co.jp/
●**代表者**：遠藤陽介
●**創業**：1975年（法人設立1979年）
●**資本金**：17億7800万円
●**株式**：公開
●**売上高**：115億9200万円（19年9月期）
●**従業員数**：正社員796名（19年10月末）
●**教場数**：145校
●**展開都道府県**：神奈川県
●**塾生数**：2万8757名（19年10月末）
●**事業内容**：小5～中3を対象に高校受験をバックアップ。大学受験部門（高校部：高1～高3対象）には個別指導部門もあり，双方向のコミュニケーションを重視したきめ細かい指導で現役合格を応援。2016年には学童保育および保育園の運営もスタート。2018年には和田町，保土ケ谷，・鷺沼，・新百合ヶ丘，Hi-STEPたまプラーザスクール開校。

秀英予備校

●**企業名**：株式会社 秀英予備校
●**塾ブランド**：秀英予備校
●**本社**：〒420-0839 静岡市葵区鷹匠2-7-1 ☎054-252-1510
●**URL**：https://www.shuei-yobiko.co.jp/
●**e-mail**：jinji@shuei-yobiko.co.jp
●**代表者**：渡辺 武
●**創業**：1977年（法人設立1984年）
●**資本金**：20億8940万円
●**株式**：公開
●**売上高**：111億6800万円（19年3月期）
●**従業員数**：〈連結〉731名
●**教場数**：280校以上
●**展開都道府県**：北海道，宮城，神奈川，静岡，山梨，愛知，岐阜，三重，福岡
●**事業内容**：小・中学生・高校生・卒業生の学習指導・進学指導，個別指導，映像授業動画配信，問題集編集・出版，公開模擬テスト作成・実施

京進

●**企業名**：株式会社 京進

●**塾ブランド**：京進小中学部，京進高等部，個別指導京進スクール・ワン，京進ぷれわん，ユニバーサルキャンパス 他

●**本社**：〒600-8177 京都府京都市下京区烏丸通り五条下る大阪町382-1 ☎075-365-1500（代表）

●**URL**：https://www.kyoshin.co.jp/

●**代表者**：福澤一彦

●**創業**：1975年（法人設立1981年）

●**資本金**：3億2789万円

●**株式**：公開

●**売上高**：201億5100万円（19年5月期）

●**従業員数**：〈連結〉1740名（19年5月末）

●**展開都道府県**：岩手，茨城，埼玉，千葉，東京，神奈川，岐阜，愛知，三重，福井，滋賀，京都，大阪，兵庫，奈良，和歌山，岡山，広島，徳島，香川

●**事業内容**：学習塾の運営／〈小1～中3〉集合授業「京進小中学部」，〈高1～高3〉現役高校生「京進高校部」，〈小1～高3〉個別指導「京進スクール・ワン」，〈乳幼児〉保育園「HOPPA」，〈幼児教育〉小学校受験「京進ぷれわん」，〈小4～高3〉オンライン学習「京進e-DES」，〈高1～高3〉映像授業「京進e 予備校@will」，〈0歳～社会人〉英会話「ユニバーサルキャンパス」，〈留学生〉日本語教育「KLA」。創業45周年となる2020年に向けて介護事業も開始し、人の一生に関わる「一生支援事業」を展開しようとしている。

学究社

●**企業名**：株式会社 学究社

●**塾ブランド**：ena，マイスクールena，ena国際部，ena新セミ，ena新美 他

●**本社**：〒151-0053 東京都渋谷区代々木1-12-8 ☎03-6300-5311（代表）

●**URL**：http://www.gakkyusha.com/

●**e-mail**：recruit@ena.co.jp

●**代表者**：河端真一

●**創業**：1972年（法人設立1976年）

●**資本金**：8億668万円

●**株式**：公開

●**売上高**：105億6800万円（19年3月期）

●**従業員数**：正社員419名（18年3月末・連結）

●**教場数**：240校／国内218校，海外22校

●**展開都道府県**：東京，神奈川など

●**事業内容**：進学塾「ena」（東京・神奈川），集団指導の「ena」「egg」「C'ena」，個別指導の「マイスクールena」，帰国子女向けのena「国際部」「海外校」（国内は渋谷・あざみ野に設置），家庭教師派遣の「ena家庭教師センター」，看護・医療系受験指導の「ena新セミ」（東京・神奈川・埼玉・千葉），芸大・美大受験指導の「ena 新美」，大自然の中の合宿施設「清里合宿場」「富士山合宿場」

公文教育研究会

●**企業名**：株式会社 公文教育研究会
●**塾ブランド**：KUMON
●**本社**：大阪営業所 〒532-8511大阪市淀川区西中島5-6-6 公文教育会館
☎06-6838-2611（大代表）
東京研究所 〒108-0074 東京都港区高輪4-10-18 京急第1ビル14階
●**URL**：http://www.kumon.ne.jp/ikumon/
●**代表者**：池上秀徳
●**創業**：1958年（法人設立1962年）
●**資本金**：44億1800万円
●**株式**：非公開
●**売上高**：930億1100万円（19年3月決算・連結）
●**従業員数**：KUMONグループ全体 3976人（19年3月）
●**展開都道府県**：日本全国
●**教場数**：国内1万6200教室・海外8600教室
●**事業内容**：算数，数学，英語，国語（母国語），フランス語，ドイツ語，日本語，書写，学習療法などの教材の研究開発，制作，指導法の研究，ならびに教室の設置・運営管理。児童書，絵本などの出版および教具，知育玩具など教育関連商品の開発ならびに販売。グループ会社に北米公文，南米公文，ヨーロッパ・アフリカ公文，アジア・オセアニア公文，中国公文，（株）公文出版，（株）公文エルアイエル，（株）公文教育研究所，のびていく幼稚園，公文国際学園，スイス公文学園高等部がある。

さなるグループ

●**企業名**：株式会社 さなる
●**塾ブランド**：佐鳴予備校，さなる個別，啓明舎，中萬学院，三島進学ゼミナール，九大進学ゼミ
●**本社**：〒160-0023 東京都新宿区西新宿3-2-8 ☎03-3347-1376
●**URL**：https://www.sanaru-net.com
●**e-mail**：pers@sanaru-net.com
●**代表者**：佐藤イサク（さとう・いさく）
●**創業**：1965年4月（法人設立：1980年3月）
●**資本金**：5000万円
●**株式**：非公開
●**売上高**：244億7209万円（19年実績）※国内グループ計
●**従業員数**：1165名※国内グループ計
●**教場数**：633校
●**展開都道府県**：東京都，神奈川県，愛知県，静岡県，福岡県，大分県，佐賀県，長崎県，宮崎県，熊本県，鹿児島県，山口県〈海外事業所〉中国（大連），タイ（バンコク）
●**塾生数**：6万3000名
●**事業内容**：小学生・中学生・高校生の学習及び進路指導，各種講座・模擬試験等の実施，教育に関する出版事業，教材制作事業

英進館

●**企業名**：英進館株式会社

●**塾ブランド**：英進館

●**本社所在地**：〒810-0021 福岡県福岡市中央区今泉1-11-12 英進館総本部ビル ☎092-715-7788

●**URL**：http://www.eishinkan.net

●**e-mail**：eishin-saiyou@eishinkan.net

●**代表者**：筒井俊英

●**創業**：1979年4月（法人設立2016年4月1日）※グループ再編により英進館株式会社（1986年12月設立）を英進館ホールディングス株式会社とし，その100％子会社として新生英進館株式会社を設立

●**資本金**：5000万円（親会社 英進館ホールディングス株式会社資本金1億円）

●**株式**：非公開

●**売上高**：121億8000万円（19年3月期）

●**従業員数**：568名

●**教場数**：58教場

●**展開都道府県**：福岡，佐賀，長崎，熊本，大分，鹿児島，宮崎，広島

●**塾生数**：約3万6794名（18年夏）

●**事業内容**：中学・高校・大学受験指導，衛星予備校，個別指導，理科実験授業，各種公開テスト，教育講演会，各種入試ガイド，合宿イベント，花まる学習会，学童保育，幼稚園他

栄光

●**企業名**：株式会社 栄光

●**塾ブランド**：栄光ゼミナール，栄光の個別ビザビ，大学受験ナビオ 等

●**本社**：〒102-0071 東京都千代田区富士見2-11-11 ☎03-5275-1681

●**URL**：https://www.eikoh.co.jp

●**e-mail**：jinzai@eikoh-seminar.com

●**代表者**：下田勝昭

●**創業**：1963年（法人設立1980年）

●**従業員数**：〈正社員〉1370名

●**教場数**：学習塾738教室〈栄光ゼミナール、栄光の個別ビザビ、大学受験ナビオ、Z会エクタス栄光ゼミナール、アシスト学院〉（東京都320、埼玉県125、神奈川県137、千葉県72、茨城県4、群馬県2、栃木県15、宮城県32、滋賀県4、京都府17、北海道10）

●**資本金**：1億円

●**株式**：非公開

●**売上高**：〈単独〉293億円（19年3月期）

●**塾生数**：約7万名

●**事業内容**：小・中・現役高校生対象の進学指導塾，カルチャースクール他

日能研関東

●企業名：株式会社 日能研関東
●塾ブランド：日能研
●本社：〒224-0003 神奈川県横浜市都筑区中川中央1-26-10 ☎045-914-3000
●URL：http://www.nichinoken.co.jp/company/kanto/
●代表者：小嶋 隆
●創業：1973年
●資本金：3000万円
●株式：非公開
●売上高：83億2800万円（19年4月期）
●従業員数：260名（19年4月）
●教場数：41校
●展開都道府県：神奈川，東京，埼玉
●事業内容：私・国立の中高一貫教育校を目指す小学生向けの進学塾，その教室運営業務全般

河合塾マナビス

●企業名：株式会社 河合塾マナビス
●塾ブランド：河合塾マナビス
●本社：〒102-0085 東京都千代田区六番町5-14 六番町武田ビル ☎03-3512-5771（代表）
●URL：https://www.manavis.com/
●e-mail：recruit.manavis@kawaijuku.jp
●代表者：代表取締役会長 岩田一彦，代表取締役社長 飯塚 拓
●創業：2006年（法人設立2007年）
●資本金：1億円
●売上高：87億9700万円（19年3月末）
●株式：非公開
●従業員数：267名（19年3月末）
●塾生数：4万5462名（19年3月末）
●教場数：327校舎／直営62校舎，FC265校舎（19年3月末）
●展開都道府県：◇直営／東京，神奈川，千葉，埼玉，茨城，兵庫，福岡，大分 ◇FC／北海道，岩手，秋田，宮城，東京，神奈川，千葉，埼玉，茨城，栃木，群馬，山梨，長野，新潟，静岡，愛知，福井，岐阜，三重，滋賀，京都，大阪，兵庫，奈良，和歌山，山口，香川，愛媛，徳島，高知，福岡，熊本，大分，沖縄
●事業内容：学習塾の運営，教育映像コンテンツの企画・製作・頒布・配信・販売，進学塾フランチャイズ事業の運営等河合塾が築き上げてきた大学受験指導のノウハウを，新しいカタチで提供する進学塾。最高品質の映像授業と，専任アドバイザーによる学習ナビゲーション，河合塾の受験情報力の3本柱で，高校生の大学現役合格を応援している。少子化といえども大学志願率は年々上昇。中でも映像授業を取り扱う河合塾マナビスへのニーズは高まっている。

スタディプラス

●**企業名**：スタディプラス株式会社
●**本社**：〒101-0062 東京都千代田区神田駿河台2-5-12 NMF駿河台ビル4階 ☎050-1746-3342
●**URL**：https://info.studyplus.co.jp/
●**e-mail**：forschool@studyplus.jp
●**代表者**：廣瀬高志（ひろせ・たかし）
●**設立**：2010年
●**従業員数**：〈正社員〉45名
●**資本金**：9億2072万2500円（資本準備金含む）
●**売上高**：非公開
●**株式**：非公開
●**事業内容**：学習管理SNS「Studyplus」の企画・開発・運営、教育事業者向け学習管理プラットフォーム「Studyplus for School」の企画・開発・運営

学びエイド

●**法人名**：株式会社 学びエイド
●**本社**：〒113-0033 東京都文京区本郷6丁目17番9号本郷綱ビル4階
☎03-6801-852　FAX.03-6801-8643
●**URL**：https://www.manabi-aid.jp/
●**e-mail**：https://www.manabi-aid.jp/service/contact お問い合わせフォームより
●**代表者**：廣政愁一（ひろまさ・しゅういち）
●**創業**：2015年5月
●**従業員数**：〈正社員〉12名
●**資本金**：7510万円
●**事業所**：東京，大阪
●**事業内容**：中学生・高校生対象映像授業動画「学びエイド」の配信、学習塾用映像教材・学習管理システム「学びエイドマスター」の配信

ドリーム・チーム

●**企業名**：株式会社 ドリーム・チーム
●**塾ブランド**：学習塾ドリーム・チーム
●**本社**：〒531-0072 大阪府大阪市北区豊崎3-1-22 淀川6番館303
☎06-6372-5556　FAX.06-6372-5570
●**URL**：http://www.dr-t-eam.jp/
●**代表者**：岩井俊夫（いわい・としお）
●**創業**：2004年
●**従業員数**：約180名（19年7月・アルバイト含む）
●**資本金**：1000万円（増資準備金2000万円）
●**売上高**：7億4000万円（18年6月期）
●**株式**：非公開
●**教場数**：40校舎以上
●**展開都道府県**：大阪，兵庫，福岡
●**事業内容**：「子ども達を元気な笑顔にする」を企業理念として、小・中・高の進学個別指導を展開

熱き情熱コーポレーション

●**企業名**：株式会社 熱き情熱コーポレーション
●**塾ブランド**：東大セミナー，個別指導Passion，きらめきっず，東進衛星予備校，学童保育Mirai Fieldこのゆびとまれ
●**本社**：〒870-0823 大分市東大道1-7-1 Rマンション暁1F ☎097-546-5189
●URL：https://tosemi.jp
●**e-mail**：kengo@tosemi.jp
●**代表者**：阿部賢悟（あべ・けんご）
●**創業**：1985年10月1日
●**従業員数**：50名（19年8月）
●**資本金**：1000万円
●**売上高**：7億2000万円（19年9月）
●**株式**：非公開
●**事業所**：17拠点（大分県14拠点，宮崎県3拠点）
●**事業内容**：学習塾，習い事，学童保育 ※対象：3歳～18歳

中萬学院

●**企業名**：株式会社 中萬学院
●**塾ブランド**：中萬学院
●**本社**：〒233-0013 神奈川県横浜市港南区丸山台1-10-24 ☎045-840-1700　FAX.045-840-1705
●**URL**：中萬学院HP https://www.chuman.co.jp 採用HP https://www.chuman-saiyo.com
●**e-mail**：recruit@chuman.co.jp
●**代表者**：代表取締役社長 中萬隆信（ちゅうまん・たかのぶ）
●**創業**：1954年（法人設立1968年）
●**資本金**：〈中萬学院単独〉5000万円
●**売上高**：〈中萬学院単独〉71億3100万円（18年3月期実績）
●**株式**：非公開
●**従業員数**：〈正社員〉427名／男性289名，女性138名
●**生徒数**：1万9000名
●**事業内容**：2019年3月より，さなるグループ傘下となる。〈中萬学院〉小・中学生，現役高校生の進学ならびに学習指導。英会話教室『学びのアクシス』の運営，〈伸学工房（グループ会社）〉「神奈川全県模試」「特色検査対策模試」「小学ぜんけん模試」の開発・運営。テスト処理代行。各種出版物制作・印刷・販売。各種セミナーの企画・実施。

城南進学研究社

●**企業名**：株式会社 城南進学研究
●**塾ブランド**：城南予備校，城南予備校DUO，城南ONE'S，城南医志塾，城南AO推薦塾，城南コベッツ
●**本社**：〒210-0007 神奈川県川崎市川崎区駅前本町22－2 ☎044-246-1951
●**URL**：https://www.johnan.co.jp/
●**代表者**：代表取締役社長 CEO 下村勝己
●**創業**：1982年
●**資本金**：6億5500万円
●**売上高**：69億4100万円（19年3月期）
●**株式**：公開
●**従業員数**：394名（連結）
●**事業内容**：大学受験教育事業の「城南予備校」「城南AO推薦塾」「城南医志塾」、個別指導教育事業の「城南コベッツ」を軸に、映像授業校舎、予備校のプロ講師によるマンツーマン個別指導「城南ONE'S」や乳幼児教育事業の「くぼたのうけん教室」「城南ルミナ保育園」「ズー・フォニックス・アカデミー」等の校舎・教室を運営。「世代を超えた」総合教育企業の領域を広げている。さらに、独自のシステムに基づいたFC事業を展開し、「城南コベッツ」教室を全国に開校。s

進学プラザグループ

●**企業名**：株式会社 仙台進学プラザ
●**塾ブランド**：仙台進学プラザ，札幌進学プラザ，TOPPA館，俊英四谷大塚，仙台個別指導学院，育英舎自立学習室 他
●**本社**：〒984-0065 宮城県仙台市若林区土樋104 ☎0120-203-859
●**URL**：https://shin-pla.co.jp/
●**代表者**：阿部孝治
●**創業**：1985年
●**資本金**：4990万円
●**売上高**：83億円（18年度グループ全体）
●**株式**：非公開
●**従業員数**：〈正社員〉190名
●**塾生数**：2万6000名（グループ全体）
●**教場数**：250教室
●**展開都道府県**：宮城・山形・福島・青森・茨城・千葉・埼玉・滋賀・北海道・東京
●**事業内容**：小・中学生対象の集団指導の学習塾の運営，小・中・高校生対象の個別指導の学習塾の運営，中学受験指導の「俊英四谷大塚」の運営，高校生対象の映像授業「東進衛星予備校」の運営，公開模擬試験の実施，学習・教育イベントの企画・運営

進学会

●**企業名**：株式会社 進学会ホールディングス
●**塾ブランド**：北大学力増進会，東北大進学会，進学会，東大進学会，名大進学会，京大進学会，九大進学会
●**本社**：〒003-0025 札幌市白石区本郷通1丁目北1番15号 ☎011-863-5557
●**URL**：http://www.shingakukai.co.jp
●**代表者**：平井睦雄
●**創業**：1972年
●**資本金**：39億8410万円
●**売上高**：68億8600万円（19年3月期・連結）
●**株式**：公開
●**従業員数**：330名（グループ計）
●**展開都道府県**：北海道・青森・秋田・宮城・山形・岩手・福島・長野・栃木・茨城・千葉・富山・群馬・埼玉・愛知・三重 等
●**事業内容**：学習塾の継続授業講習会，公開模擬試験の運営，公開模擬試験の運営教育用コンピュータソフトの開発ならびに販売促進，スポーツクラブの経営他

CREDIT

企画●**千葉誠一**

編集協力●**黒木康孝**

カバーデザイン●**内山絵美（釣巻デザイン室）**

DTP●**㈱ティーケー出版印刷**

【監修者紹介】

千葉誠一（ちば・せいいち）

福島県伊達市出身。上智大学文学部卒。
山手ベイサイドオフィス主宰。
塾業界を経て、編集・出版会社に勤務。
多数の教材の執筆から編集・出版を手がける。
独立後は、教育業界を中心とした国内外の人的ネットワークを駆使し、
フリーライターやエディターの協力も得て、連載記事の執筆をはじめ、
社員研修、経営アドバイス、講演などを精力的に行っている。
現在、私学と私塾をつなぐ『私教育新聞』編集主幹。
「学びエイド」囲碁講座鉄人講師。
藤嶺学園中高「遊行塾」囲碁講座非常勤講師。
日本棋院普及指導員。学校囲碁指導員（五段）。

【著書】

『天声人語文章要約トレーニング』（TAC出版）
『就職試験一般常識トレーニング』（TAC出版）
などがある。

私教育新聞web
http://shikyoiku.net

【執筆者紹介】

黒木康孝（くろき・やすたか）

フリーライター。
1964年生まれ、東京都出身。
広告代理店、広告制作会社を経てフリーに。
教育関係から旅行関係まで幅広く執筆。
気象予報士。

鈴木博文（すずき・ひろふみ）

有限会社ソリューションゲート及び
株式会社エデュゲート代表。
1957年生まれ、北海道出身。
教育コンテンツクリエーター。
ロボット先生実現に向けて取り組み中。
趣味は自転車やギター等多彩。

学習塾業界大研究［最新］

初版１刷発行●2020年2月15日

監修者
千葉誠一

発行者
薗部良徳

発行所
㈱産学社
〒101-0061 東京都千代田区神田三崎町2-20-7
Tel.03(6272)9313　Fax.03(3515)3660
http://sangakusha.jp

印刷所
㈱ティーケー出版印刷

ISBN 978-4-7825-3543-1　C0036